让 我 们 一 起 追 寻

〔英〕丹·琼斯（Dan Jones）〔巴西〕玛丽娜·阿马拉尔（Marina Amaral）〔英〕马克·霍金斯－达迪（Mark Hawkins-Dady）　著

张孝铎　译

THE WO

AFLA

The Long War, 1914-1945

图片版权说明

本书所收录照片绝大部分由 Getty Images 惠允使用，另有部分照片来源如下：

第 96 页 库特之围 © Alamy；

第 142 — 143 页 战俘 © US National Archives；

第 166 — 167 页 安娜·科尔曼·拉德 © Library of Congress；

第 332 — 333 页 切斯瓦娃·科沃卡 © Auschwitz Memorial and Museum。

致 谢

作者感谢 Anthony Cheetham、Nic Cheetham、Richard Milbank、Clemence Jacquinet、Dan Groenewald，以及 Head of Zeus 的所有成员。同样感谢 Paul Reed。最后，向马克·霍金斯－达迪致以特别的谢意。

编者提示

本书收录的照片反映了 20 世纪的两场世界大战，且主要着眼于欧洲，对中国的关注多有不足，但战争对整个人类文明的冲击有目共睹。上色之后的战争场景照片，相较原本的黑白照片，武装冲突的残酷、惨烈和血腥程度更具视觉和情感冲击，甚至让人毛骨悚然。少部分图片虽做了技术处理，但编者仍提醒读者诸君谨慎翻阅。战争的阴云一直未曾远离，历史的教训当让我们珍惜来之不易的和平与稳定，祈愿人类社会不再重蹈覆辙。

烽火世界

漫长的战争,
1914－1945

WORLD
...ME

社会科学文献出版社
SOCIAL SCIENCES ACADEMIC PRESS (CHINA)

目　录

引　言

1946 年 7 月 28 日，在法国北部小镇巴勒杜克，法国将军、政治家夏尔·戴高乐回顾了他所处时代那多灾多难的历史。巴勒杜克位于法国的默兹地区（或称默兹省），在这个令人感伤的地方，戴高乐就近年的历史发表了他自己的感想。

正是在默兹的土地上，上一代人挖掘了潮湿泥泞、疫病滋生的深堑，供手持最新武器的军队野蛮厮杀近一年，留下伤亡 75 万人的记录。在此之后，就在戴高乐发表讲话的两年前，这里的村庄元气未复，军人却又一次重蹈覆辙，为另一场狂暴冲突的终局之战血肉相拼，殃及村民。百姓何辜，他们只是在一个糟糕的时代生活在了错误的地点。

在讲述这些事情时，戴高乐语怀悲壮。他说这是"我们历史上最重大的事件"，民众历尽折磨，"只求保存一丝心力"。不仅如此，他说，此般悲惨的"三十年战争"已把默兹撕裂。换言之，这些事件是一场延烧于 20 世纪上半叶的大火的数个火点。戴高乐说，正如欧洲在 17 世纪时经历了"三十年战争"，现代世界又悲剧重演。两年后，英国战时首相温斯顿·丘吉尔在他的回忆录第一卷中也提到了相同的意思，他说他有意书写"又一场三十年战争"。*

今天的历史学家不喜欢"第二次三十年战争"这个说法。他们更属意第一次世界大战（1914—1918 年）和第二次世界大战（1939—1945 年）的概念：这是两次相隔不远但彼此独立的冲突，最好分门别类地摆在两个书架上。这也许是明智的。但不论我们使用哪种术语，又如何码放我们的历史书，大部分人应该会同意丘吉尔的判断：1914—1945 年所发生的事件"是有史以来两次最大的浩劫"。

本书即是要穿越这些生死攸关又心潮澎湃的战时岁月。本书以彩色呈现历史，包含 200 张照片，初时皆为黑白胶片拍摄，此次特上色以飨读者。每张照片配有简短说明，概述其背景；全书大致以时间为序，阅读时可零敲碎打，也可一气呵成。本书无意对它们描述的历史事件强加（或再次强加）全新的历史叙述。相反，本书只是要你在全新的光影中看看这个老生常谈的故事，或许你会生发出 1946 年戴高乐在巴勒杜克的感怀——"一切都发生于此"。

为历史照片上色不能算严格的科学，而是一门微妙的技术。一方面它要求精细的历史调查，另一方面毋庸讳言它对艺术自由的偏好。后期上色没有——也不能——"恢复"黑白照片上的任何东西，画面中没有隐藏任何色

---

* 此段译文出现的三处"三十年战争"所指不同。第一处"三十年战争"原文为"war of thirty years"，意指两次世界大战及两次大战之间的时期共计三十年左右。第二处和第三处的"三十年战争"原文为"Thirty Years War"，指的是 1618—1648 年发生的一场欧洲大战，在国际关系史上有着重要影响。——编者注

彩。相反，上色是对照片的附加，依据的是已知的事实和合理的猜测。这是一种阐释手段，其局限性不该被忽略并一笔勾销。

然而，这并不意味着后期上色是轻率的，是"假的"。不言而喻，作为智人的同类，我们对颜色的反应深刻而原始，发乎本能。色彩鼓动着我们的情感，也包括我们的理智。所以，最佳的后期上色堪称情感增强的媒介：它放大同情与恐惧，加剧可怜与厌恶。它会改变我们，让我们面对历史时不再像个会计师、分析师，而是一个人，与照片中的人有着同样的恐惧、迷惑、激情、壮志、愤怒和爱。它触动我们去找寻这些不同寻常景象背后的真相。这就是它的目的，这就是它的力量。

撷取 200 张恰能反映第一次和第二次世界大战历史的照片是不容易的，有时甚至是痛苦的。本书的选品只是我们的选择而已。我们希望照片能代表它要叙述的那个时代，但一锤定音时我们知道它所反映的只是一鳞半爪。书中的每一个话题都有浩如烟海的著作存世，每一张照片、每一段说明文字的背后都有一整条学术分支在潜心研究。我们先行为任何遗漏和错谬致歉，所有遗漏和错谬责任在于我们。不过，我们还是希望本书能够启发此类主题的新读者去挖掘更深的历史，而熟悉此类题材的老读者也能温故知新。

在写作本书的两年中，我们度过了第一次世界大战终战百年，以及第二次世界大战爆发八十周年。后一场战争中的老兵的死讯不时传来，那是一个日益凋零的群体。大约在下个十年，战争的最后一代就将告别世界，他们做过的、经历过的事将化作孤独的历史遗存，不复为活着的记忆。本书在某种程度上就是对这些男人和女人的致敬——他们有人是英雄，有人是受害者，但更多人不过是存活于恐怖时代的普通百姓。

我们还想将本书当作一份警示。在我们写作期间，法西斯主义、民粹主义、极端民族主义、反犹主义、仇恨、偏见、种族主义等，还有排斥、分裂和孤立的政治行为再一次在全球抬头。就让本书之所见来提醒人们这将导致怎样的后果吧。世界很脆弱，让它烽火四起比我们想象的更容易。

玛丽娜·阿马拉尔与丹·琼斯
于贝洛哈里桑塔与泰晤士河畔斯坦斯
2020 年春

1900—1914

一个时代的终结

欧洲的灯火已经全部熄灭，

我们有生之年再也见不到它们复明。

——英国外交大臣爱德华·格雷爵士对《威斯敏斯特公报》编辑

如是说，1914 年 8 月 3 日

1910 年 5 月 20 日，伦敦帝星耀眼。至少有九位国王和皇帝，连同无数亲王和王妃齐聚于此，共同悼念他们的一位亲属。爱德华七世被称为"欧洲的叔父"。他还有一些不那么响亮的名头，比如"砰砰鼓"（tum tum），用以描述他惊人的腰围；再如"爱抚者爱德华"，彰耀他高超的私通技艺。他正式的头衔则威严异常——"蒙上帝与大不列颠及爱尔兰和海外自治领之福之国王，信仰守护者，印度皇帝"。这名头几乎与其统治了九年的领土一样广阔：仿佛这个帝国的光芒会永照世人。

葬礼仪式上同辈中的首席即爱德华仅存的子嗣和继承人——乔治五世。父子二人除皆好打猎外，脾气截然不同。乔治（第 4 页照片中央）规矩、正直、守时，他接过祖父母维多利亚女王和阿尔伯特亲王的衣钵，在廉洁奉公精神日益衰颓的形势下重振了君主立宪政体。

与乔治并辔而行，并被给予了主祭人显赫身份的是他的大表哥威廉，后者当天的责任感也许超越了私怨。这张照片摄于游行队伍向伦敦帕丁顿车站进发途中，从那里他们可以乘火车去温莎。德皇威廉二世易怒、复杂又冲动。这张照片正好拍到了他，他用因难产而自小萎缩的手臂挽住了缰绳。对亡故的舅舅爱德华，他已没有丝毫好感。在伦敦，他意识到自己正处于自己钦羡的帝国的心脏，他们的海军数倍强于自己的，他们与法国的外交关系似乎（对他来说）也旨在围堵德国。

皇亲国戚云集哀悼、埋葬的这位国王是一位超出了大家预期的国王。爱德华（那时的"伯蒂"）在威尔士亲王以及王储的位子上等待了太久，他放纵食欲，以致母亲维多利亚女王对他失望透顶。1901 年，他在将近六十岁时才开始掌权，无人认为他能在位长久，更不用说创下丰功伟绩。

但是，爱德华让众人刮目相看。他利用了自己的长项——个人魅力、国际视野和灵活的外交。他尽数施展这些品质，成就了英法 1904 年协议，人称"英法协约"（Entente Cordiale）。有此谅解，英法新仇旧怨一笔勾销，换之以合作互助的新精神。

"爱德华时代"（常被历史学家延至 1914 年夏天）将是最后一个以英国君主命名的时代。以历史的后见之明观之，这个时代常被认为充满乐观和希望，一扫维多利亚时代的暮气。然而它也湍流汹涌，联合王国并不那么"联合"。工会初展实力，工党表现出竞选优势。妇女情绪激昂地要求投票权，妇女参政论者和妇女参政运动为想要和平运动与武装抗争的两类人都提供了舞台。随着爱尔兰民族主义

1903 年 12 月 17 日

莱特兄弟在北卡罗来纳州的基蒂霍克制造了第一架机械动力飞机；不出八年，飞机将被用于投放炸弹。

1904 年 4 月 8 日

英法协约的签订标志着两国在激烈竞争数十年后开启了相互合作的新时代。

1905 年 1—10 月

俄国经历了放德萨海军哗变、革命（沙皇尼古拉二世被迫批准国民议会"杜马"成立），以及日俄战争的失败。

1906 年 2 月 10 日

英王爱德华七世批准皇家海军"无畏"号战列舰下水，德皇威廉二世妒意陡增，一场持续六年的英德战舰竞赛随之而来。

1908 年 10 月 6 日

奥匈帝国正式合并了奥斯曼帝国曾经的行省波斯尼亚和黑塞哥维那，激怒了波斯尼亚的民族主义者，以及近邻塞尔维亚人和俄国人。

者和效忠派准军事武装都开始招兵买马，关于爱尔兰自治的漫长争论日益两极分化，冲突一触即发。

爱德华时代的英国还不得不面对欧洲大陆在19世纪末分裂为对抗集团的局面。1815年滑铁卢之战后，英国为躲避欧洲纷争，采取了帝国殖民和经济扩张的政策——时人美言之"光荣孤立"（splendid isolation）。1815—1914年，英国除了有争议的克里米亚战争，投入的皆为殖民战争，而非欧洲战争。如今，情况有了变化。

最明显的欧洲新现实是在欧洲的心脏地带出现了以普鲁士为中心的统一德国，与之相抗的是在1870—1871年普法战争中失去国土、尊严扫地的法国。1910年，德国的工业产值初超英国，远胜法国。（新时代的另一标志是美国的经济繁荣，欧洲任何一国都相形见绌，不过在军事上，美国巨人仍在沉睡。）德国的经济虽然在增长，其民主制度仍相对薄弱，这意味着德皇及军方对国家仍握有不成比例的权力。自1888年掌权以来，威廉二世抛弃了祖父威廉一世的战略审慎，罢黜了年老的政治大师奥托·冯·俾斯麦，丢弃了精心校准的德俄关系，而与奥匈帝国修好。

1894年，为抗衡新建立的德奥同盟，法俄缔结了协约。这是一份有强制力的防务互助条约，德国必然大感威胁，视为对自己的合围。英法协约虽强制力稍逊，但德国仍能看到，英国已经在这场宏大的地缘政治博弈中选择了阵营。爱德华治下，英德展开了疯狂角逐，竞相建造威力巨大的战舰。敌意不加掩饰。

西方各国联盟改组正酣，"欧洲病夫"奥斯曼帝国还僵卧在遥远的东方。式微帝国的欧洲省份不断丢失，释放出一个又一个新兴独立民族，也释放出对国际关系格局的新威胁。1903年，塞尔维亚人（1878年该国完全独立）刺杀了他们亲奥的国王，走上了泛斯拉夫和亲俄的道路。俄奥两国的地区性紧张愈发尖锐。"巴尔干半岛"成为动荡的代名词。

世界的其他地方也并非风平浪静。血腥的革命在1910年和1911年分别席卷墨西哥和中国，它们对世界稳定的影响假以时日即会显现。不过，眼下的危险仍来自欧洲，正式的结盟体系和互相冲突的帝国利益意味着，稍有差池就将导致灾难，事实也确实如此。

几乎所有欧洲王室都暂忘了恩怨，来到伦敦吊唁爱德华七世。在这样的背景下，他们此行不知不觉为一个时代画上了句号。十年之内，他们中的许多人将无冕可享。对于他们成千上万的子民来说，更悲惨的命运正在前方。

1909年4月27日
穆罕默德五世取代兄长成为奥斯曼帝国苏丹，但实权旁落至政府中民族主义分子组成的"青年土耳其党"。恩维尔帕夏就是他们中的一员。

1910年11月20日
对年迈独裁者波菲里奥·迪亚斯的不满引发了墨西哥叛乱。次年中国也掀起了革命，迫使幼帝溥仪于1912年2月12日退位。

1911年4—11月
在阿加迪尔危机（第二次摩洛哥危机）中，法国和德国的帝国野心于摩洛哥发生碰撞，险象环生。危机虽最终解除，但英国支持了法国。

1912年4—5月
爱尔兰自治的前景（都柏林建立了国民议会）增大了新教准军事武装集团叛乱的可能性，同时激起了爱尔兰民族主义者的反抗。

1913年8月10日
《布加勒斯特条约》宣告第二次，也是最后一次巴尔干战争正式结束。这是一系列发生于前奥斯曼国家之间的边境战。这一区域无愧于"火药桶"的称号。

美好年代

　　在爱德华七世还是威尔士亲王时，巴黎就是欧洲的游乐园，充满了"美好年代"的俗浪趣味。"美好年代"指的是1914年之前相对稳定的半个世纪，艺术、进步思想，还有优越的生活条件遍及欧洲主要城市。在巴黎，再没有比蒙马特的红磨坊（Moulin Rouge）更能代表这种生活情趣的了，此处以高踢大腿、露出灯笼衬裤的康康舞表演闻名。右侧这张照片拍摄的即是红磨坊的"后花园"，有穿短裙的舞蹈演员，各色主顾，还有一头空心大象——它的妙用之一是为瘾君子吸食鸦片提供隐蔽场所。

　　然而，莺歌燕舞的年月也有黑暗面。旷日持久的德雷福斯事件清晰地暴露了法国社会的分裂。事件发生于1894—1906年，无辜的法国犹太军官被保守的、信奉天主教的反犹当局扣上了间谍帽子，而自由主义人士，特别是作家埃米尔·左拉则奋起为他辩护。

　　此案起于德雷福斯被控将军事机密泄露给德国，这充分说明了法国当时的不安。1871年1月，在法军接连受辱于普鲁士军队后，在法国的土地——凡尔赛，新生的、统一的德意志帝国宣布建立。法国折翼、失地、人口减员，与此同时身侧却出现一个幅员辽阔、工业兴隆、军事活跃的日耳曼人国家。法国人，特别是政治家和军方首脑焦头烂额不无道理。

新美国人

有一个远离老欧洲以及它们的全球帝国的世界，那就是积极乐观、欣欣向荣的美国。在19世纪时，美国通过西进运动满足了其帝国的胃口，几乎把印第安人从北美土地上赶尽杀绝，从而占据了几乎整片大陆。然而，此过程被虔诚地称为"天定命运"。

许多蜂拥奔向太平洋的新美国人都是欧洲的贫苦移民。他们被应许之地吸引，盼望摆脱迫害，向往成就事业（或重新做人）。在1910年的人口普查中，将近1200万美国人报告说他们出生于欧洲。左侧这张照片拍摄了一小群新移民，他们圆睁双眼，享用着新家园的第一顿圣诞晚餐。

新美国人同母国的关系难以一语道尽。虽然移民带来了南腔北调的语言和五花八门的传统，但美国传统上仍坚持孤立政策，避免与旧世界冲突，绝不卷入它们的议题，这就是所谓的"门罗主义"（1823年）的要点之一，清楚地表明了美国在世界上的军事和外交位置。

但是，美国既然吸收和雇用了如此大量的移民，就不可能永远置身事外。1910年，美国的工业生产总值是英、德、法三国之和。直白的数据，加之新旧世界几代人割之不断、时时加固的纽带，意味着当欧洲兵戎相见时，美国的昭昭天命必将令其越过大西洋，来到对岸的战场。

机器时代

在突飞猛进的工业化世界，没有什么发明比福特 T 型车（见前页照片）更能代表这个机械化的新时代。它不仅代表一种车型，还是一种现象，标志了汽车时代的真正到来。T 型车一点也不豪华，但它在一个最适合汽车发展的国家里成为现代化的符号——在这个国家，荒地纷纷变作整齐划一、方方正正的城市。到第一次世界大战时，世界上五分之四的汽车都造于美国。

亨利·福特的工业天才不在于纯粹的发明——汽车发明于欧洲——而在于他的改良和聪明的生产技术拉低了成本。他的第一批 T 型车 1908 年上市，目标客户是农民，要在糟糕的路面上行车（所以有显著的高底盘设计），售价高达 825 美元。五年内，当福特在密歇根州建起新厂，用当时的新概念——装配线（流水线）批量生产时，价格已经便宜了近三分之一。1927 年，随着 1500 万辆 T 型车的最后一批从装配线上下来，它只卖 290 美元。T 型车是最早的"大众的"汽车。

福特的机械化改变了旅行者、工人、生意人和消费者的生活。不过，它带给人类的便利和经济很快就将被它带来的残酷所赶超，武器的大规模生产和机械化的杀戮主宰了全球冲突。

飞行时代

在亨利·福特为汽车时代猛踩油门的同时，其他企业家把创新瞄准了天空。1903 年，美国的奥维尔·莱特和威尔伯·莱特兄弟制造了第一架机械动力飞机。"空中竞赛"即将开启，1908 年《每日邮报》的老板诺斯克里夫勋爵悬赏 1000 英镑飞越英吉利海峡。这项超凡的成就最终在 1909 年 7 月 25 日由狂热的法国飞行员路易·布莱里奥达成，空中耗时约 38 分钟。民众为这一摩登时代的又一次壮举热烈庆祝。

飞机制造如今在欧洲和美国如火如荼。1909 年在美国，格伦·柯蒂斯的工厂介入了航空制造，创造了一种经典款——柯蒂斯"推进者"飞机。在这种不太牢靠的，由金属、帆布、绳索和木头组合而成的飞机（就像一辆插了翅膀的三轮车）上，飞行员暴露在外，靠屁股后面的螺旋桨推动前进。

军方立即开始资助这项技术。在右页这张照片（1912 年）中，托马斯·德维特·米林在马里兰州科利奇帕克市为美国军方试飞一架柯蒂斯"推进者"飞机。在这次试飞前，多架柯蒂斯"推进者"飞机已经在水面舰艇上起落过。而此前不久，在遥远的利比亚沙漠上空，意大利飞行员们第一次执行了从飞机上投掷炸弹的任务。

到 1917 年时，托马斯·德维特·米林负责为欧洲战场训练美军飞行员。空军的童蒙年代持续了不过十年就将走向成熟。

海军竞赛

飞机的发明意味着英国阻挡外敌的传统防线——海洋已经不再固若金汤。但大多数人并不怀疑，大英帝国的安全仍可倚仗皇家海军。1906 年服役的"无畏"号（如左页照片）似乎更保证了他们在全球一枝独秀的地位。"无畏"号是世界上最先进的战列舰，由蒸汽轮机驱动，装配令人胆寒的高精度火炮，水上速度最高可达 21 节。"无畏"号非常强大，一系列同级别的战列舰皆借其名，称为"无畏级"战舰。

眼红者中就有德皇威廉二世。他醉心于海军，视之为德国投射海外影响力的工具，为他争得帝国荣誉和世界级强国地位的利器。为达此目的，德皇有一位积极的同谋——他的海军司令、海军上将阿尔弗雷德·冯·提尔皮茨。德皇委派后者为他建立强大的德国皇家海军——"帝国海军"（Kaiserliche Marine）。

当德国试图制造自己的无畏级战舰时，英德海军竞赛全面打响。1906—1912 年，两国均豪掷资金与资源大肆造船，就连"无畏"号的设计也很快比不上后来者。海军竞赛被证明是极受欢迎的爱国行为，尽管英国人焦虑不安，但皇家海军仍保持了领先地位。然而，德国战略家们接受了在造船竞争中难以战胜英国的事实后，宿命般地找到了一种可以弥补差距的舰船——潜艇。

墨西哥的战火 ▶

在 1914 年之前的那些年中，丘吉尔极力拥护的大英帝国是世界上最有活力、最辽阔的帝国。相比之下，西班牙帝国已经收缩得几乎不存。墨西哥这颗西班牙王冠上曾经的珍珠，已经在多年前为自己争得了自由（1823 年）。可独立并未给墨西哥的政治和社会带来持久稳定，不满正在酝酿，即将以暴力的形式呈现。1910 年，墨西哥掌权已久的年迈独裁者波菲里奥·迪亚斯企图操纵选举寻求连任，终于引致了叛乱和革命。迪亚斯多年来一直追求实现国家的现代化和富裕，代价却是极端的两极分化，腐败横行。他的批评者还称，他严重受制于外国尤其是美国的利益。

墨西哥革命和内战形形色色的冲突中涌现了许多重要人物，其中之一是多姿多彩的激进人物——埃米利亚诺·萨帕塔·萨拉萨。他在家乡莫雷洛斯州为村民们争取权利的运动，后演变为农民的武装起义。他要求重新分配土地，发表了一份宣言（《阿亚拉计划》），发起了一场与自己同名的运动（"萨帕塔运动"）。他的追随者自然被人称为"萨帕塔主义者"（Zapatistas）。萨帕塔（见后页照片，第一排左起第五位，黑外套）把自己塑造为一个标准的墨西哥"恰罗"（意为"骑手"）。

迪亚斯 1911 年的垮台有萨帕塔主义者的一臂之功，但他们得到的仅仅是武装冲突和此后持续多年的内战中的游击战争。萨帕塔在 1919 年的伏击中死于非命，但他的传奇和精神还在延续。

青年丘吉尔

温斯顿·丘吉尔在自 1911 年起的海军大臣任上得心应手地充实着英国海军实力，以遏制德国威胁。左页照片中的青年丘吉尔眼神清澈，面孔稚嫩，流露出的自信是他最大的优势，但有时也是他难以摆脱的弱点。

到三十岁时，他已经是训练有素的骑兵军官，在南非担任战地通讯员，从布尔人的战俘营中逃脱，1900 年成为保守党议员，不过 1904 年又改换门庭加入了自由党——此事让他曾经的同事怒不可遏——接着他在政府中担任贸易委员会主席，致力于社会改良。在 1910—1911 年内政大臣任上，他为爱尔兰局势焦头烂额，也遭到了女性参政运动令人费解的挑战（大部分男性政客也同样如此），这一运动此时开始转向激进。1911 年，丘吉尔展现了他一生之好——亲身参与各种事件。他加入警察和士兵的队伍之中，亲自前往伦敦西德尼街抓捕藏匿在那里的一群疑似无政府主义者的人，他们此前已经谋害了三名警察。议员们批评内政大臣莽撞冲动，不顾个人安危，他却认为这个经历"很好玩"。

对许多政客和国务家而言，丘吉尔迄今为止的职业生涯也抵得上一生的工作量了。然而，他的事业才刚刚开始。

中华帝国的落幕 ▶

1911 年，正当内部冲突消耗着墨西哥时，太平洋对岸的中国各地也为武装起义所震荡。后果血腥，有此处的斩首照片（见后页图）为证，当局以此恐吓潜在的造反者。

此时的中国没有年迈的政治强人需要推翻，只有孱弱的朝廷和乳臭未干的幼帝溥仪。溥仪是清王朝最后一位统治者。他登基时不满三岁，更喜欢在皇宫里追着太监们放气枪，而不是处理国家政务。这很好理解。虽以他之名施行了一些操切又过时的改革，但对于古老的帝国来说，这样的改革力度太小，也来得太迟。

1911 年 10 月 10 日革命党人于武昌发动起义。武昌起义的星火引发了波及面更广的辛亥革命，由革命家孙中山领导。1912 年 2 月 12 日溥仪逊位，延续两千年的封建帝制走到了终点。取而代之的是一个脆弱的临时政府，老练的政客袁世凯手握大权。

中国幅员辽阔，历史悠久，却贫穷割据，工业落后，故步自封，它不可能仅靠建立一个共和政府一蹴而就完成现代化转型。事实上，它未来将经历更多的动荡和艰辛。孙中山创立了影响深远的中国国民党。成千上万中国人将作为法国人的劳工，在即将到来的世界大战中做出他们常被人忽略的贡献。

巴尔干火药桶

另一个帝国——奥斯曼帝国的瓦解始于19世纪。随着奥斯曼帝国的权威从巴尔干群山日渐消退，它留下了不确定的边界和相互冲突的民族利益，还有一众稚嫩的新生国家。对于两个邻近的地区霸权——奥匈帝国和俄罗斯帝国来说，它们是唾手可得的猎物。

但首先，它们与旧帝国的账还未了结。1912年，塞尔维亚、保加利亚、希腊和黑山暂停了内讧，组建了"巴尔干同盟"，一致针对奥斯曼帝国。1912年10月双方走向战争，右侧照片即为此时拍摄——联盟军队在塞尔维亚和保加利亚边境上休整。

第一次巴尔干战争短暂而激烈，只持续了两个月。它把奥斯曼帝国的欧洲边界推回到君士坦丁堡（伊斯坦布尔）和东色雷斯，同时阿尔巴尼亚获得独立，联盟军队割占了马其顿省。

然而，战争根本不会结束。保加利亚不满分得的战利品，进攻了曾经的盟友，发起了第二次巴尔干战争（1913年）。在这次冲突中，保加利亚丢失了大部分它在第一次巴尔干战争中取得的土地，还埋下了仇恨塞尔维亚人和仇恨罗马尼亚人的火种。它们都将在第一次世界大战时复燃。

巴尔干半岛常被形容为"火药桶"，1912—1913年发生的事似乎证实了这一老生常谈。正如有人担心的，巴尔干战争催生了危险的错觉：现代战争可以速战速决。这种想法的危险性马上就会显现。

1914

堕入战争

为美丽的日耳曼取得的每一场胜利都多么美妙啊。

——德国学生军人爱德华·施米德尔在一封信中如是说，

1914 年 8 月 23 日

1914 年 6 月 28 日，欧洲的一切都变了。那天早晨，支持塞尔维亚的刺客加夫里洛·普林西普刺杀了奥匈帝国王储弗朗茨·斐迪南大公。几个星期后，整个欧洲上千万人为战争而动员，斐迪南之死把欧洲拖入了一场严重冲突。军令传来，年轻人向爱人、家人和朋友道别，他们希望别离只是暂时的。

部队集结开拔，一往无前。步兵团穿城而过，踏着鼓点。群众欢呼，拍打着士兵。火车驶离车站时，人们扔起帽子，挥舞手绢，士兵们趴在窗口依依惜别。许多德国人在军乐队《保卫莱茵》的曲声中告别，这首歌成了德国非官方的动员主题曲。"亲爱的祖国，请您放心！"歌词唱道，"莱茵河守卫森严……"

20 世纪德国最著名的战时日记作者厄恩斯特·荣格回忆起离开时"鲜花如雨，在鲜血与玫瑰的幻觉中出发。是的，战争一定会带给我们渴望的东西：伟大无比的神圣经历……参与任何事都好，就是不要待在家里！"8 月 1 日他志愿入伍，成为一名步兵，当时只有十九岁。

除去这些眩晕的胜利示威——绝不仅限于德国——每一个出发的人都会感觉到一些无声的情绪：恐惧、混合了紧张的兴奋、焦虑、彷徨。他们会回来吗？何时回来？

有一种想法很难抑制，即这一切本都可避免。7 月间，欧洲几大强国领袖一度有机会避免那场所有人都害怕发生的冲突。如果斐迪南大公遇刺危机局限在巴尔干，那么只会发生一场针对塞尔维亚的区域性惩罚战争——第三次巴尔干战争而已。

然而，错综复杂的结盟网络捆绑了欧洲人口最多、国力最强的国家（以及它们的殖民地），它们几乎同时开火。取代制衡的是局势升级。这个世界不再保证相互和平，而是在相互摧毁的早期形态下危如累卵。

枪杀大公如何演变为世界大战，其过程既简单又费解。总之，它最后被归纳为几个显著的事实。7 月 28 日，奥匈帝国向塞尔维亚宣战，自信会得到德国的支持。作为回应，俄国宣誓保卫塞尔维亚，对这一立场，法国根据条约也不得不表态支持。8 月 1 日，德国进一步向俄国宣战，两天后又对法国宣战。8 月 4 日，英国及其殖民地，包括加拿大、澳大利亚、新西兰和南非都加入乱局。外交大臣爱德华·格雷爵士针对当前事件的历史意义发表了他著名的预言："欧洲的灯火已经全部熄灭，我们有生

之年再也见不到它们复明。"

匆忙交战的背后隐藏着巨量的帝国利益、国家考量、外交对抗、个人好恶以及短期的野心，所有东西碰撞于一时。比格雷的叹惋更出名的是相反的现实：1914 年 8 月随处可闻的乐观预报——战争将在"圣诞节前结束"。

战争的信心有多容易建立，就有多容易破灭。灯光渐灭，取代它们的是引擎的啸叫声、蒸汽机车冒烟的烟囱和轮船涡轮的鼓水声，把人和机器送往各地。德国的战争计划几乎就是一份火车时刻表：全员进攻比利时，接着是法国，取得——仅仅是希望中的——速胜。比利时人进行了抵抗，但必然失败，他们的防线被炸成了废墟。

就在德国人扑向比利时和法国时，俄国人扑向了德国——以出人意料的速度，法国人亦是如此。英国远征军登陆法国，这一次不是侵略而是纾困，但他们的规模实在太小。奥匈帝国进攻了塞尔维亚三次，塞尔维亚人坚守阵地，不过不会太久。

战争没有局限在欧洲，因为这是帝国间的冲突。德国遍布非洲的殖民地遭到攻击，尤其是重要的通信要地。在更远的东方，日本也披甲上阵，准备实现它的帝国野心；同时在英属印度，志愿兵登船驶向未知的目的地。在一片宣战声中，夹杂了中立国美国的和平呼吁，可是无人听从。

有两场转折之战。在坦能堡——这个名字让人忆起几个世纪前条顿骑士团的战争——一个俄国集团军被德军消灭，一位德国将军称保罗·冯·兴登堡是民族的救星。在法国马恩河附近，一场"奇迹"据说已经发生，主要由法国人组成的部队发起反击，阻止了德军的推进，保卫了巴黎。德军开始挖掘堑壕以稳住阵脚。交战双方都不知道自己将陷入怎样的困境。

几个星期内，宣战导致的死亡和破坏达到了工业量级。1914 年与 1915 年之交的冬天来临时，各国的伤亡名单——包括死亡、受伤、失踪和俘虏——人数达到了 200 万。鲁汶等历史中心，连同法国东北部和比利时的几十个村镇化为焦土。

所以，战争并未在"圣诞节前结束"。不过到 1914 年 12 月时，对于几十万五个月前告别爱人的年轻战士来说，战争已经结束了。对于他们，德语"auf Wiedersehen"中再会的许诺已经替换为英语"goodbye"中的永诀。

---

8 月 23—24 日

英国远征军在比利时蒙斯作战。这是他们第一次与德军展开苦战。在远东，日本加入协约国阵营作战。

8 月 27—30 日

攻入德国的一个俄国集团军在东普鲁士的坦能堡战役中被歼灭。

9 月 6—12 日

马恩河战役中，法英联军发起反击，拯救了巴黎，拒德军于东北方向埃纳河一带。

10 月 19 日—11 月 22 日

英法比联军在第一次伊普尔战役中艰难地阻挡住了德军向英吉利海峡突破的行动。双方都挖掘了堑壕。

11 月 1 日

奥斯曼帝国加入同盟国阵营，攻击俄国的黑海港口。几天后，印度远征军登陆奥斯曼属美索不达米亚（今伊拉克）。

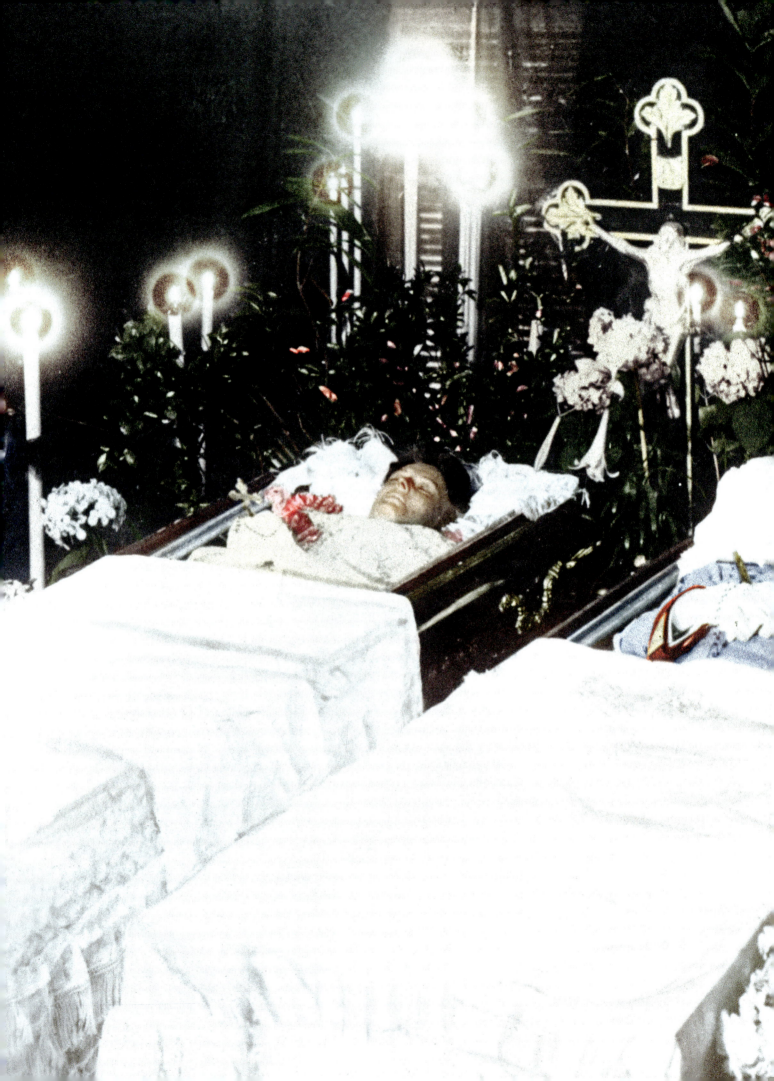

弗朗茨·斐迪南

　　1914年6月28日早晨，奥匈帝国王储弗朗茨·斐迪南大公与妻子索菲亚·霍特克的车队行驶在萨拉热窝。这座城市是波斯尼亚和黑塞哥维那省的省会。该省于六年前为奥匈帝国兼并，麻烦和争议不断。许多塞尔维亚人生活在这里，梦想着脱离帝国的统治。

　　夫妇行车城中，突然遭到秘密军事组织"黑手社"的刺客的攻击。一名刺客向大公夫妇所乘汽车扔去炸弹，但弹开后只炸到后面那辆车。大公受惊，但行程继续，在萨拉热窝市镇大厅发表了讲话。回程途中，他的车错转路口，临时停在一家咖啡馆外，另一名刺客加夫里洛·普林西普碰巧在此等候。他近距离扣动了手枪扳机。

　　斐迪南夫妇都受了致命伤——左侧照片中的他们躺在棺材中，葬礼即将举行。他们的死绝不仅仅是个人悲剧，更触发了外交和军事行动，最终酿成第一次世界大战。在德国的支持下，奥匈帝国立即对塞尔维亚发出了谴责和威胁，与法国结盟的俄国站到了另一方。无人退让，世界进入战争螺旋。大公遇刺不仅点燃了巴尔干火药桶，还延烧至整个欧洲。

沙皇宣战

　　1914 年夏天，爱国宣示遍布欧洲，但领袖和国王们却忧心忡忡，尽管不同人的程度不同。远房兄弟沙皇尼古拉二世和德皇威廉二世交换了电报——亲昵地署名"尼基"和"威利"——双方都请求挽回这一灾难，但无果而终。德国在 8 月 1 日对俄宣战。

　　8 月 2 日，沙皇在圣彼得堡冬宫参加了圣礼，他的都城很快就将更名为彼得格勒。随后他踱出皇宫的露台，宣读了俄国对德国的宣战书。右侧这张照片拍摄时，成千上万的臣民挤满了沙皇面前宽阔的广场。有人挥舞俄国三色旗。在奥匈帝国的侵略行径面前，尼古拉二世歌颂了斯拉夫民族兄弟情，谴责德国不知俄国动员仅是出于自卫。民众欢呼。他说，捍卫俄国的地位和荣誉刻不容缓。俄国人应尽弃前嫌，再次与沙皇团结一心，做好自我牺牲的准备。

　　前几月，俄国遍地是抗议和罢工，但在 8 月 3 日午夜，英国驻圣彼得堡武官阿尔弗雷德·诺克斯上校写道："人们精神饱满……毫无疑问战争深得民心。"接下来，兵戎相见就要测试俄国人的战争热情和帝国统治力——直到临界点。

坐火车，上战场

1914年8月3日德国对法国宣战，声称法国飞行员侵入德国领空，并扔了炸弹。当天下午，法国也宣战了。虽然巴黎等地对开战是否明智仍有较大疑虑，但这并不能改变总统雷蒙德·庞加莱的看法，他要求法国人民和政治家结成"神圣的同盟"（union sacrée）。

法国的财富、人口、技术以及资源（尤其是铁、钢和煤产量）都逊于德国，但铁路网还算先进。法国征召了将近200万士兵，占全国男性的10%（这一数字要高于德国），他们将奔赴边境，保卫国家。这项任务需要20000趟铁路班次。

前面的照片反映了1914年8月，第六军区步兵团预备役士兵在敦刻尔克登车。他们穿蓝色军大衣、红色长裤，戴红色平顶帽，这都是法国军队的荣誉象征。1914年之前，德国、英国和俄国的军队都接受了军装需与环境相适应的思想，但对于法国的老顽固和爱国政治家来说，如此乏味的实用主义难以接受，尤其亮红色长裤（pantalon rouge）几乎就是一个图腾。它代表了法国的勇敢无畏，象征着法国军方对"集团冲锋战术"（l'attaque à outrance）的信仰。修正这种传统等同于瓦解法国的战斗精神。

施利芬计划

德国的西线动员需要巨大的铁路运力。在战争刚爆发时，超过4万名士兵从科隆中央车站登上火车，横穿欧洲。要达到这样史诗级的转运速度绝非易事，然而要完成战略目标——以德军总参谋长阿尔弗雷德·冯·施利芬（1833—1913年）名字命名的"施利芬计划"，却不得不如此。

施利芬计划最初筹划于1890年代。它认为德国在欧洲要战胜法俄同盟，就要在西线发动一次六周的闪电战击溃法国，然后再回东线对付俄国。为此，施利芬建议进攻部队取道卢森堡和中立国比利时，绕过重兵防卫的法国边塞。

1914年8月4日，施利芬计划付诸实施。弱小的、大部分为预备役的比利时军队全然不是德军对手。老旧的要塞——如比利时的"大门"列日防线——在榴弹炮的大规模轰击下崩塌。8月17日，比利时政府放弃了布鲁塞尔，全国尽是德军。11月底，整个国家实际上已被外来者控制。右页照片中，德国侵略军在户外食堂享用餐食，此时比利时已经投降。随后四年，德军都将占领这个国家。

恐惧和逃离

德军入侵，比利时军队且战且走，成千上万的比利时百姓向安全地区逃离。左侧照片中的人甚是幸运，有机动车帮助他们转移，在巴黎的石板路上引来旁人浓厚的兴趣。有的人却没有这样的运气，只能携带最值钱的财物，沿马路和田地长途跋涉。

比利时人在撤退的同时毁坏了桥梁和铁路，以迟滞德军推进。眼看施利芬计划岌岌可危，侵略军大为光火。作为回应，德军高层将比利时人的全部自卫行为都视为非法战争或者恐怖活动。德国宣传单警告经验不足的士兵要小心平民狙击手，因为他们可能躲在任何角落，准备除掉大意之人。

入侵比利时几天就有新闻报道称，德军即将进行大规模的惩罚式处决，村庄将被尽数夷平。1914 年 8 月的最后一周，大学城鲁汶被肆意摧毁的消息传来，协约国开始使用 "the rape of Belgium"（比利时大屠杀）这样的字眼。

比利时之劫震惊世界，包括美国在内，舆论皆以德国为敌。德国人的残酷，对于死在他们占领时期的 6000 比利时人来说是个悲剧，但也为协约国强大的宣传攻势所利用。在余下的战争时期，协约国的招兵信息将充满和爱国色彩等同的道德色彩。

爱德华王子和英国远征军

许多德国人希望英国能置身事外，但后者与海峡对岸法国的协约联盟不是说笑的，英国对比利时中立的长期保证也同样严肃。德国首相特奥巴登·冯·贝特曼-霍尔维格不相信英国会为了八十五年前的承诺就尽遣年轻人为比利时赴汤蹈火。他错了。英国于1914年8月4日对德宣战。

一周后，一位新到的中尉跃跃欲试，开始了自己的军官训练课。在右侧这张照片中，二十岁的威尔士亲王爱德华在伦敦列队行军。他加入了皇家近卫第一营，他的同袍成熟老练，他却弱不禁风。

英国急需大量新兵。半数训练有素的职业军人都在欧洲之外维持帝国。1914年8月7日，10万英国远征军开始横渡英吉利海峡。"不足为惧！"德皇说道，无意间为他们起了一个骄傲的绰号。远征军面对的第一场浴火考验是在8月23日的比利时小城蒙斯，虽然他们用步枪和大炮造成了巨大破坏，仍旧不得不与法国盟友一同败走，伤亡1600人。

这时的英国招兵站挤满了人，响应陆军大臣基钦纳建立"新军"的号召。基钦纳还批准了爱德华王子前往法国的请求。虽然乔治国王忧心忡忡，爱德华也因此被限制在战斗之外，但国王并不能凌驾于远征军司令部。爱德华恪尽职守，赢得了属下的尊敬。

进军非洲

1885 年，在"瓜分非洲"的过程中，欧洲政治家皆愿非洲殖民地在未来的欧洲冲突中维持中立。但第一次世界大战爆发才几天，他们的愿望就全盘落空。

德国的非洲殖民地防御薄弱，为敌国的众多殖民地包围，一开始就暴露无遗。所以才会发生这样的事：早在英国远征军对比利时的敌军放出第一枪的前两周，协约国就在西非攻下了第一座首都。从英属黄金海岸（今天的加纳）和法属西非出发，小股部队会聚于德属多哥兰（今天的多哥），8 月 7—8 日他们攻占了洛美。实际上，英国在整场战争中的第一枪是黄金海岸团的非洲士兵所开，也就是左页照片中检查步枪的这些士兵。

英军在多哥兰的真正目的是卡米纳的一个通信站，那里是德国在非洲以及跨大西洋通信的关键节点。但他们没有成功，卡米纳的发报员在发报机被缴获前炸毁了它。不过 8 月 26日，多哥兰还是投降了。第一滴血已经洒在可以让战争迅速扩散的区域，其后四年非洲大陆尽燃战火。

坦能堡战役

英国远征军和法军败走，德军向西欧进发。这时，德国东北边陲东普鲁士的人们正为眼前的恐怖景象心惊胆战。

从 1795 年开始，普鲁士、俄国和奥地利就有了共同的重要边界。德国军方领导人始终用传统的认知安慰自己：俄国军队虽然人数庞大，但指挥无方，装备落后，备战也需数周之久。然而 1914 年 8 月中旬，两个俄国集团军突然进入东普鲁士，击退了德国第八集团军，进逼东普鲁士首府柯尼斯堡，让德国人大吃一惊。德国猛然间成为被侵略国。将军保罗·冯·兴登堡临危受命，保卫帝国。

后面这张照片展示了在后来被称为坦能堡战役的一次战斗后运送俄国俘虏的场景，让人想起 1410 年相同地点的另一场战役。当时，人称条顿骑士团的日耳曼武装僧侣被斯拉夫各族联军大败。1914 年则胜负易手，甘苦换尝。

俄国进攻德国领土虽引起震惊，但重整旗鼓后的德国第八集团军稳住了阵脚，8 月 26—27 日以及 30 日，他们包围并歼灭了俄国第二集团军。俄军死伤约 5 万人（包括自杀的俄国将军亚历山大·萨姆索诺夫），两倍于此数的人成了战俘，照片中看到的仅为一小部分。

马恩河奇迹

正当俄军在坦能堡遭遇惨败时，法国元帅、法军总司令约瑟夫·霞飞请求饱受打击的英国远征军进行援助，以便沿马恩河对猖獗的德军进行猛烈报复。法国受到的威胁刹那间变得生死攸关。为此，霞飞解职了许多军官，整编了部队，利用了一切可利用的交通——包括巴黎的出租车——将兵员和武器运抵抗战前线。

从9月5日起，协约国进攻了巴黎和要塞城市凡尔登之间的德军阵地。这次袭击被称为"奇迹"，因为它把德国人赶回了埃纳河沿岸的防御工事。但前面这张照片清楚地说明了创造"奇迹"的惨重代价。照片中，往日恬静的莫伦-勒-蒙托瓦镇（Maurupt-le-Montois）躺着一排排残尸。一条死亡的红毯隐约可见，从法国东北部一路铺来。

对普通法国士兵来说，战争的头几周死伤最为惨重。1914年8月，法国将军挥兵进入德军占领的阿尔萨斯和洛林，直到德军的反击重创法军，法军步兵的红蓝制服尤为惹眼。被称作"边境战役"的悲惨屠杀发生于22日，2.7万法国士兵阵亡，比战争爆发以来的任何一天都要多。但比起到8月31日时法国遭受的25万人总伤亡，这只是一小部分。

1914年9月的"马恩河奇迹"拯救了巴黎，扭转了协约国的命运，也使施利芬计划破产。溃败对德国战略的破坏如此之巨，以至于总参谋长赫尔穆特·冯·毛奇（小毛奇）几乎精神崩溃。

在马恩河之战和后来的其他战役中，法国取胜的关键是75毫米野战炮。右页照片拍摄的是1909年法军在用它操练。它发明于1897年，堪称革命性的武器。它精巧的机械设计免除了在每一发之间重新复位、重新瞄准的必要，即便炮管后坐力误差超过了1米，它仍能瞄准目标，炮架不动分毫。这就带来了比以往任何火炮都快的射速。

其他国家的军队也装备了各自的75毫米炮。英国有18磅榴弹炮，德国有77毫米炮，但法国的"75"（soxante-quinze）是公认的列国之最。

尽管法国人拥有最好的轻型火炮，但他们没有敌人火炮的多样性。没错，此前法国人不需要巨型榴弹炮，就像德国人在战争初期粉碎比利时要塞的、要用三十六匹马才能拖动的那种。然而，西线的战斗正在朝着某种趋势发展，这种趋势需要更多更大口径的火炮。

照料伤员

过去战场上的伤兵需要自己照顾自己，到20世纪初时，对前线伤员的护理已是作战的基本条件。1914年最初几周的血战造成了前所未有的伤员比例，更证明了医护和手术的必要性。医疗护理不仅是保持士气和军纪之必需，军官也急需更多的伤患重返前线。

自1850年代弗洛伦斯·南丁格尔服务的克里米亚战争以来，军事医护水准取得了巨大进步，同时也为妇女开辟了直接助战的途径。志愿妇女医护组织在参战国纷纷涌现，比如英国红十字会的志愿救护队（VADs），她们在伤者处理站和医院工作，在伤者被转运回国时陪护他们。

志愿者通常是性格沉稳的年轻未婚女性，家境良好，无须为营生发愁。出身不那么良好、一点也不沉稳，而且名声在外的（至少在巴黎和莫斯科）就要数左页照片中的这位了。她就是出生于俄国的前卫舞蹈家伊达·鲁宾斯坦。她接过护士工作的同时，就换下了莎乐美和克利奥帕特拉香艳的异国戏服，穿上了"护士装"——这件异常宽松平滑的衣服是设计师莱昂·巴克斯特（Léon Bakst）为她量身定做的。

伊普尔和英属印军 ▶

英国远征军的盟友和敌军也同样急需护士。德军在马恩河严重受挫后，新的军事目标是夺取法国的海峡港口，让英法联盟陷入瘫痪。双方展开了"入海争夺战"，投入了新生力量，一场激烈的混战在伊普尔爆发。英国艰难地阻止了对手的突破攻势，但付出了5.4万人伤亡的代价。

尽管战争爆发还不到三个月，但英国远征军已经所剩无几。于是，全球最大的志愿军队伍此时抵达了欧洲，那就是英属印军。这支部队的几个师来自大英帝国最遥远的边陲，于9月末登陆马赛，靠步行、骑马、火车甚至征用伦敦公交车，抵达了欧洲西北战场。10月22日，他们加入了战斗。

英属印军中的大批士兵很快就重伤将死或是需要护理，乔治五世慰问了这些伤员。为纪念英属印军登陆西线，国王发表了正式的欢迎函："我期望我的印度士兵捍卫英属印度，抵抗来势汹汹、冷酷无情的敌人。"在战争期间，有十一名印度士兵获得了维多利亚十字勋章。

马祖里湖战役

在东线，德国坦能堡大捷摧毁了俄国第二集团军，也让兴登堡将军和他的参谋长埃里希·鲁登道夫荣膺民族英雄。他们在德国的威望还将扶摇直上。不过，保罗·冯·伦宁坎普率领的俄国第一集团军仍盘踞在东普鲁士，对其首府柯尼斯堡虎视眈眈。

为消除威胁，兴登堡和鲁登道夫集结兵力向俄军驻地进发，那里临水，有森林，被统称为马祖里湖区。在这场于1914年9月第二周打响的持久战中，他们没能重演军事大捷，不过倚仗人数优势，逼得伦宁坎普退回边境线附近。俄军再次遭受10万人阵亡、负伤或俘虏的惨败。虽然在东普鲁士的冒险并非俄国最后一次对德国有所图谋，但这次惨败的回响将多年震荡俄国军方。

在左侧这张照片中，德国机枪手正在东普鲁士达尔凯门镇（Darkehmen）就位。各方步兵都唯恐暴露在机枪的火力之下。单从统计来看，机枪造成的杀伤不及火炮，却在战场上留下了镰刀刈麦的恐怖，因为它总是将人从膝盖处击断。

圣诞停火

西线的一切都进展缓慢。第一次伊普尔战役持续至 11 月中旬，弗兰德残酷的冬天到来了。人们终于明白战争在几个月内结束是天方夜谭。堑壕的 Z 形地缝沿前线展开，从北海海岸延伸到瑞士边境。

在堑壕战纪元正式开启之前，出现了一段意想不到的插曲，唤起参战各方共有的人性。英军和法军营地因为圣诞节而短暂停火了几个小时。业已造成几十万人死亡的屠杀停止了——暂时而不是永久，士兵们记起他们尚有一些共同之处。

"停火"始于 12 月 24 日晚上，那是德国人传统的庆祝日。他们唱圣歌，在堑壕围栏处摆放圣诞树。圣诞节那天，双方士兵都高举双手（以防万一），大起胆子来到堑壕中间的无人区。他们说着彼此没法完全理解的语言，靠手势交流，一起喝酒、唱歌，交换礼物和纪念品，做着善意的举动，一些地方还即兴踢起了足球。他们交换制服，如右边照片所示，这群混杂的士兵来自第 104 和第 106 萨克森团以及驻比利时普罗格斯蒂尔（Ploegsteert）的伦敦步枪旅。指挥官们都很不高兴。

如果战争真如乐观者所言在"圣诞节前结束"，它本可结束得更温馨。

1915

战争扩大

她被德国佬杀害——加入第 99 营，阻止这种暴行。

——加拿大远征军征兵海报上出现了艾迪丝·卡维尔的肖像

1915 年的最后几个月，英国作家威廉·汤姆森出版了一本 55 页的小册子——《卡维尔护士的殉道》。其副标题说得更明白：德国人野蛮罪行受害人的一生。

即使保守地说，这也是一份勇敢的宣言。在经历了 1915 年的种种之后——伊普尔的毒气，齐柏林飞艇袭击平民，击沉客轮"卢西塔尼亚"号与"阿拉比亚"号，还有在比利时发生的种种谋杀与暴行——德皇名下"最野蛮的行径"这样的标题层出不穷。在所有事件中，一位来自诺福克乡村的牧师女儿，企及了俗世圣徒的境界，她的一生和命运成为人们，尤其是英国人认为自己为何而战的价值缩影。

艾迪丝·卡维尔的出身和气质是无可指摘的中产阶级。她 1865 年 12 月出生在诺维奇附近的斯瓦兹顿，度过了幸福的，甚至是礼法严格的福音派童年。长大后，她真诚地希望帮助教区内那些艰难度日的人。从寄宿学校毕业后，她在埃塞克斯当了家庭教师，随后去了比利时，1896 年为护理行业所吸引。

卡维尔在伦敦受训两年，跻身专业的护士队伍。第 58 页这张照片摄于 1903 年，她当上了肖迪奇养老院（今天哈克尼的圣莱昂纳德医院）的助理院长。第一次世界大战爆发时她回到比利时，在布鲁塞尔工作，当了一所培训学校——比利时研究生护理学校的校长，专门培训新式护士。

战争爆发时，卡维尔恰巧在诺福克探望母亲，但很快就回到布鲁塞尔。她的想法不无道理，战争会为她培训出的护士提供许多岗位。

战争初期德军在比利时推进迅速，这意味着布鲁塞尔在 8 月 20 日时就已经是德军的后方了。许多协约国的军人也留在了敌后，蒙斯战役（8 月 23 日）后几周，卡维尔开始不顾危险地开展人道主义活动。她的护理学校成了地下网络的一部分，是协约国士兵和比利时人逃避占领当局的秘密避难所。她为他们提供藏身之地和伪造的证件，指引他们偷越比利时边境，前往中立国荷兰的安全地。

这些秘密行动，卡维尔和她的护士们干了几个月，但她还是不够小心。比利时的德国占领当局很快就发现了她。最终在 1915 年 8 月 8 日，卡维尔被捕。她在监狱待了十周，她没有撒谎，承认了所作所为，还签署了相当于认罪书的文件。在她被单独关押期间，驻比利时的美国公使和西班牙公使都替她求情，但无济于事。她被军事法庭起诉破坏德国战争，因"战争叛国罪"而被判处死刑。四十八小时之内，1915 年 10 月 12 日一早，她最后一次穿上院长的制服，走向行刑队。

2 月 19 日

英法海军炮击达达尼尔海峡，试图占领君士坦丁堡，逼迫奥斯曼帝国退出战争。

4 月 22 日

第二次伊普尔战役之初，德军施放了毒气（氯气），这是西线战场第一次使用毒气。

4 月 25 日

在达达尼尔海峡，英军（包括澳新军团——由澳大利亚人和新西兰人组成）和法军在加里波利半岛登陆。战争持续八个月，他们战果甚微。

5 月初

种族清洗开始了。奥斯曼当局声称几百万亚美尼亚人通俄，对他们进行了"重新安置"。数十万男人、女人和儿童丧命。

5 月 7 日

在爱尔兰附近海域，英国客轮"卢西塔尼亚"号被德国潜艇击沉，约 1200 名乘客丧生（包括 128 名美国人），引发国际公愤。

事后举世哗然。英国外交大臣爱德华·格雷爵士认为，处死卡维尔将为"各协约国，乃至整个文明世界所震惊和唾弃"。《纽约先驱报》欧洲版恰如其分地批判道，这是"德国肮脏战争史上最肮脏的一页"。这位立场坚定的护士留下了著名的遗言，战后铭刻在她位于伦敦的纪念碑上，如基督般的温柔为她赢得了身后美名："爱国是不够的。我不恨任何人，不怨任何人。"

卡维尔的死立刻被英国的宣传机器利用，以激起民众对德国人的仇恨。1915年，德皇的陆军和海军做什么也挽回不了他们的名声。2月，德国远洋舰队司令宣布"任何（在英国和爱尔兰附近水域的）敌国商船一经会面，立即击沉"，德国潜艇随之出动，搜寻协约国的猎物。不经警告就击沉商船已经够糟，但航行在爱尔兰附近海域的皇家客轮"卢西塔尼亚"号竟也被击沉，引发了国际公愤。天上的情况也是一样，德国变本加厉，齐柏林飞艇蓄意轰炸民用目标。

1915年时，头一年挖掘的堑壕继续扩建，迅速被视为西线战场的一大特色。无聊、污秽、吵闹和危险，地面下的生活越来越糟。双方士兵都逐渐适应了这种生活，只有指挥官还在思索如何打破僵局。更大规模的火炮攻势似乎是解决办法，但正如英国人认识到的，他们的工厂要耗尽全力才能生产出足够用来轰炸的炮弹。当政府投建兵工厂时，数以万计的女性新工人，也就是"军工女"驰援来救。

另一种致命武器也出现了。在伊普尔战役中，德军首次使用了毒气。公然破坏战争规则的行为引来口诛笔伐。讨伐声虽高但持续时间很短，很快所有国家的军队都开始生产和部署自己的化学武器。

战争的边界还在扩张。1915年，意大利放弃了与德国和奥匈帝国的盟约，把自己的命运同协约国捆绑，迅速投入了对奥地利的攻击，打响了一场冰山战役。同时在战场的极东边，奥地利试图阻止俄国进攻，以失败告终。

1914年11月，奥斯曼帝国加入了同盟国，1915年2月至10月它抵御住了协约国对加里波利半岛的进攻，后者的澳大利亚和新西兰军队相当英勇。但在高加索山区，奥斯曼帝国被俄国人击败，它把失败归罪于亚美尼亚人，导致了对亚美尼亚人的种族屠杀。

第一次世界大战逐渐蔓延和深化，世界一片晦暗。艾迪丝·卡维尔的英勇壮举是黑暗中难得的美丽微光。

6月23日
意大利4月对奥匈帝国宣战，随之沿伊松佐河和在白云石山脉不利的地形中展开了十二场战役。

9月5日
俄军从东线全面撤退后，沙皇尼古拉二世自任俄军总司令。

9月25日
在西线，英法联军发起了对卢斯和香槟地区的攻势，进攻持续至11月，除了更多的伤亡外，战果乏善可陈。

10月9日
贝尔格莱德沦陷后，德国、奥匈帝国以及它们的新盟友保加利亚开始了对塞尔维亚的征服。塞尔维亚军队死里逃生。

10月12日
英国护士艾迪丝·卡维尔因帮助协约国士兵逃跑，在沦陷的比利时被捕、受审、处决，引发国际社会对德国的谴责。

U 艇

英国的世界强权地位仰仗皇家海军良多。但英国军舰并非天下无敌，他们的海军将领最害怕的是德皇的潜艇，或称 U 艇（德语 Unterseeboot，直译为"海底船"）。德国在 1850 年代就已启动潜艇试验，而建造潜艇是德皇威廉二世战前海军战略的关键。所以第一次世界大战爆发之初，德国海军服役和在建的潜艇就已经超过三十艘。随着战事铺开，十倍于此的潜艇还将源源不断地投入战斗。

在潜艇中作战是件苦差。船员要在狭窄、闷热、危险的水下环境中生存，克服生物天生的幽闭恐惧。左侧这张照片就展现了潜艇船员在燃油机舱检查设备的情形。但是这些不适换来了回报。1914 年 9 月 22 日，德国潜艇 U-9 在北海击沉了三艘英国巡洋舰。其后四年，还会有几十艘战列舰和几千艘商船毁于德国潜艇之手。1914—1918 年，约 2600 艘船舶因遭水下攻击而沉没。战争中最成功的德军潜艇指挥官是洛塔尔·冯·阿纳尔·德·拉·佩里埃尔（Lothar von Arnauld de la Periere），仅他一人指挥下的潜艇就击沉了总排水量将近 50 万吨的船只。正是这些人让一个岛国惴惴不安。

美索不达米亚的战争

　　战争在水下展开，也在新的土地上发生，比如奥斯曼帝国的领土。奥斯曼帝国的疆域起自君士坦丁堡，跨越安纳托利亚，深入阿拉伯半岛，它的苏丹自称对逊尼派穆斯林群体享有至高的精神统摄。

　　奥斯曼帝国是个缺朋友的帝国。它历史上就与俄国不睦，1914 年与英国的关系也走入冷窖。与此同时，奥斯曼人开始接近德国，因为双方在（未完工的）柏林—巴格达铁路中寻得了共同利益。右侧这张照片所展示的即该铁路的一段。

　　虽然奥斯曼政府在战争之初名义上中立，但 1914 年 8 月，主战的"青年土耳其党"成员，包括战争部长恩维尔帕夏在内，对德国秘密承诺会支持德国及其盟友打击俄国。1914 年 11 月 4 日，奥斯曼舰船炮击俄国黑海港口敖德萨，秘密联盟公之于众。两天后，作为回应，英国在阿拉伯湾（波斯湾）的军舰炮击南美索不达米亚（伊拉克）的阿拉伯河水域。他们是在为印度远征军攻入奥斯曼领土做准备。

　　1915 年 11 月，英军距巴格达只有约 32 千米。这时，来犯者的队伍战线过长，而奥斯曼帝国部队却能利用柏林—巴格达铁路已完工的部分不断运输补给，以备反攻。

堑壕生活

1915 年初，西线战场的大部分战事就是堑壕战。堑壕形态随地形变化，一般来说壕沟都挖得很深，坑壁用木板和木棍支撑。德国人的堑壕建得很好，比协约国的更精致耐久。

协约国军队和德军的前哨堑壕相隔仅几十米。在前哨阵地后方，双方都修筑了错综复杂的第二道和第三道堑壕网，绵延数千米，互相又以迷宫般的壕沟沟通。远离堑壕的后方则是重炮以及庞大的后勤设施，为人员、机械和马匹提供保障。

当工业化战争的冷酷现实开始噬咬，一些长期保持的军事传统遭到摒弃。法国军队抛弃了红色军裤，换之以更稳妥的"地平线蓝"（horizon bleu）制服，其设计目的是要让它融入天际线。各国军队都启用了金属头盔，比如法军的阿德里安头盔、英军的布罗迪头盔。在左页这幅表现红十字队照顾头部受伤者的照片中，能同时看到这两种头盔。

堑壕生活常常潮湿肮脏。跳蚤和老鼠肆虐，"堑壕足"和"堑壕热"横行，士兵不堪其扰；他们日复一日吃着定餐口粮，包括无味的罐头牛肉。为缓解乏味和不适，部队让各条堑壕的人员定期轮岗，允许他们"出堑壕"休息，为他们除虱，甚至几人分享一瓶红酒。

炮战 ▶

1915 年，二十五年来迅猛的军事革新改变了人与火炮的关系。第一次世界大战爆发时，参战巨型火炮的致命威力前人无法想象，它们有的发射出无情的弹片，有的使用了高爆炸药，甚至还有毒气弹。

就像曾经的长管火炮一样，当前的战场被短管火炮——榴弹炮统治。它的历史可以追溯至 17 世纪的围城战。榴弹炮发射的炮弹弧线高耸，然后陡然落下，直奔敌军炮阵、堡垒和堑壕。在它辽远的射程内，被直接击中就是彻底毁灭。

后面这张照片所示为德国 15 厘米重型野战榴弹炮，它隐蔽在伪装掩体中，以躲避敌军校射机的观察。虽冠以"重型"之名，但它用途广，机动性好，连协约国军队的阵地也不得不对它肃然起敬。

照片中炮兵捂住了耳朵，似乎正要射击。西线的士兵没有人不记得炮火齐轰的声音，这正是他们患上创伤后应激障碍，即通常所说的"弹震症"的主要原因。火炮也导致战争伤亡统计中"失踪"类别的人数急剧增加，那些不幸尸骨无存、无法辨认的战士就被归入了这一类。

炮弹危机

1915 年 5 月 9 日，英军在西线发动了名为"奥博斯山脊战"的攻势，结果寸土未取，寸功未立，以伤亡 2.3 万人的代价惨淡收场。事后，英国远征军司令约翰·弗伦奇爵士向《泰晤士报》记者诉苦，称他们急缺高爆炮弹。报道如期刊发，"炮弹危机"成全国丑闻。于是英国首次成立军需部，部长是威尔士人大卫·劳合·乔治。他摩拳擦掌，负责大幅增产炮弹。

制造炮弹首先要兴建兵工厂，政策惠及战场尚需时日。不过，炮弹危机对英国社会产生了深远影响：大批妇女被鼓动投入军火生产。由于大量男性入伍，英国妇女的职业门类已变得多种多样，如今，"军工女"大量流入新建的兵工厂。

妇女工资低于男性，工作时间长于男性，有人——特别是填弹工——还会中毒，或遭遇意外爆炸。但工作带来了收入、福利、食物，有时还有住房，以及许多人需要的群体认同感。妇女在这次战争中的工作对她们争取投票权作用巨大。

"卢西塔尼亚"号的沉没

1915年5月1日，豪华的英国皇家邮轮"卢西塔尼亚"号载着将近2000名乘客，以及货舱里的一些武器和弹药，由纽约出发航向英国。德国企图封锁英国航运，潜艇游弋水下，大西洋很难风平浪静。但战争规则要求军舰不得攻击客轮。

5月7日，惯例被打破。"卢西塔尼亚"号行至爱尔兰南岸附近水域，德国潜艇U-20朝其发射鱼雷。鱼雷击中船身，在水线之下撕开一个窟窿，并造成船内爆炸。船体倾斜，使大部分救生艇无法使用。受袭仅仅20分钟后，"卢西塔尼亚"号就沉没了，导致1198人丧生。船上的儿童仅五分之一幸存。只有大约300具遗体被寻回，随后在爱尔兰下葬（如左侧照片所示），数百人来到集体葬礼悼念。

平民丧生实乃悲剧，但"卢西塔尼亚"号的沉没却成为协约国宣传战的一大胜利，各国对德皇战争的邪恶与非法口诛笔伐。在美国，残杀乘客——包括船上的128名美国人——激起了公愤。战争已经公然危及美国人的生命，美国还能置身事外多久？

加里波利

　　土耳其加里波利半岛的这片沙滩，如今叫作安扎克湾（Anzac Cove），是协约国第一次世界大战众多耻辱行动之一的起点。

　　加里波利之战本意只是一次海上行动。它的目标是派遣战舰进入达达尼尔海峡，为俄国军队重新打开经黑海进入地中海的关卡，给进攻君士坦丁堡（伊斯坦布尔）、进而重创奥斯曼帝国创造条件。战役于1915年2月19日打响。可是在长达几周的时间里，英法联军的船只都遭到了奥斯曼帝国岸防炮火和水雷的阻挡。显然，只有两栖登陆才能扫清岸上的威胁。

　　1915年4月25日周日破晓，几千士兵——大部分来自澳新军团——登上沙滩，意图夺取半岛。他们陷入了胶着的登高战。白天受高温炙烤，夜晚遭寒气侵袭，蚊蝇、水泡、痢疾、疟疾，协约国士兵苦不堪言。11月，基钦纳伯爵视察过后放弃了作战。1916年1月9日，协约国军队撤离。

　　加里波利之战失利，英国海军大臣温斯顿·丘吉尔被革职。而另一方，土耳其军队指挥官穆斯塔法·凯末尔——后来的"阿塔图尔克"，一跃为奥斯曼帝国的英雄。在澳大利亚和新西兰，加里波利成为两国民众现代民族记忆的重要组成部分。

奥地利士兵

　　历史上被称为托斯卡纳公爵的奥地利大公约瑟夫·斐迪南（右），是一位承奥地利军事传统之教的军人。1915年，他率领的是奥地利第四集团军。但是，在民族林立、语言繁多、貌合神离的奥匈帝国里，要部队团结一致、士气高昂谈何容易。在右页这张宣传照中，大公与13岁的约瑟夫·卡斯乌尔姆并肩而立，后者是帝国最年轻的士兵。

　　宣传是必要的，因为自1915年伊始，奥匈帝国就麻烦丛生。它对塞尔维亚和俄国都发动了攻击，但疲软无力，伤亡达95万人。他们被赶出了塞尔维亚，俄军反而攻入加里西亚（现代波兰和乌克兰之间的交界地区），这里由大公镇守。与此同时，在普热梅希尔巨大的要塞中，超过13万士兵和平民遭到俄军围困，身陷险境。（奥匈帝国军队总参谋长康拉德·冯·赫岑多夫下令在1915年头三个月解除普热梅希尔要塞之围，但遭遇失败，伤亡人数逐渐累积至79万，普热梅希尔最终于3月投降。）

　　虽然大公的帝国在第一次世界大战中时运不济，他本人却活了下来。他于1942年去世，之前在纳粹集中营里待过一段时间。卡斯乌尔姆的命运就不得而知了。

亚美尼亚大屠杀

"在阿勒颇，一名亚美尼亚儿童倒地死去，而援手就在不远处。"这句简单而沉重的注脚写在原始的黑白照片上，由打字机打印，漫漶斑驳。这张照片已被洗印了无数次，用以解说周而复始的暴力所制造的恐惧，这种暴力就是西方世界广为人知的"对亚美尼亚人的种族灭绝"。

从中世纪的十字军运动开始，东安纳托利亚的亚美尼亚基督徒就与土耳其人关系紧张。第一次世界大战的恶况令几百年来的仇视在1915年彻底爆发。这年早先，奥斯曼帝国第三集团军被俄军大败于南高加索。许多人将之归咎于亚美尼亚人，说他们在战斗中帮了俄国人的忙——在土耳其人眼中这是叛国。这种责难煽动了"圣战"情绪，投合了"青年土耳其人运动"的民族主义政治，最终酿成惨祸。

1915年5月，奥斯曼政府颁布法令，命令强制迁徙土耳其的亚美尼亚人至叙利亚。在随后的驱逐中，多达100万亚美尼亚人死于饥饿、疾病、暴力、匮乏、疏忽和冻伤。平民的大规模死亡由奥斯曼政府的政策直接造成，不出意外地被称为"种族灭绝"。土耳其强烈反对此说法。不过，留存的图像——其中就有德国士兵和军医阿敏·T.魏格纳拍摄的许多震撼照片——自有一番故事陈说。

意大利参战

人称"阿尔卑斯部队"（Alpini）的意大利山地部队于国内外东征西讨，历来战功赫赫。1880年代和1890年代，意大利有意开拓殖民地，山地部队就战斗于阿比西尼亚（埃塞俄比亚和厄立特里亚），接着在利比亚沙漠。1915年，他们在边境与奥匈帝国军队展开战斗，那里有第一次世界大战中最恶劣的地形——高海拔的阿尔卑斯战场。

意大利虽与德国、奥匈帝国同列三国同盟，但1914年秋天却没有加入战争，而是宣布中立，以观战争形势。1915年5月，意大利在利诱中加入了战局——加入的却是协约国阵营。盖因英国诱之以慷慨的战争贷款，还保证它重获亚得里亚海东北部的领土——"意大利沦陷区"（Italia irredenta）。

命令虽然迟来，但阿尔卑斯部队迅速投入战斗，上演他们的拿手好戏：冒飞石，顶雪崩，挖雪道，攀岩壁。他们参加了一系列沿伊松佐河和如今斯洛文尼亚边境的战役。在1915年的前四次战役中，意大利以伤亡30万人的代价换取了在奥匈帝国领土上推进数千米。其后两年，还有八场伊松佐河战役等着他们。

逃离塞尔维亚　▶

奥匈帝国1914年三次侵入塞尔维亚，皆被击退。一年后形势反转。1915年11月末，塞尔维亚面对的是德国、奥匈帝国和保加利亚三国联军。塞尔维亚军队，连同国王彼得一世以及追随他的平民被迫在寒冬中长途转移，通过黑山和阿尔巴尼亚山路向亚得里亚海前进。协约国军队会在那里将幸存者转移到科孚岛。

在这场艰难的跋涉（有时也被称为阿尔巴尼亚的"各各他"）中，男人、女人、儿童忍饥挨饿，病痛缠身。14万难民里的十分之一死于途中。有人死于饥渴，有人死于冻伤和疫病。逃难者还不时受到阿尔巴尼亚部族袭击，盖因塞尔维亚人在阿尔巴尼亚农村不受欢迎，近十年巴尔干战争的残酷记忆在后者脑中仍然新鲜之故。

后面这张照片捕捉到塞尔维亚人逃难的一瞬。塞尔维亚士兵打着双头鹰旗帜——自中世纪尼曼雅王朝起，它就象征着塞尔维亚民族。他们路过一间似为鞋店的店铺，路人好奇旁观。

成功抵达海岸的塞尔维亚军队大多被运往位于马其顿的所谓萨洛尼卡战场。被他们留在身后的塞尔维亚平民百姓，则将遭遇残酷的战时统治。按比例来说，塞尔维亚人在这场战争中的死亡比例超过了其他任一参战国国民。

毒气

军工科研人员第一次试用毒气是在东部前线，但第一次大规模在战场使用则是在 1915 年 4 月 22 日。第二次伊普尔战役中，德国人对法军及其北非部队使用了超过 5700 罐氯气。氯气可在空气中传播，吸入者会被烧毁双肺。毒气在给内脏制造严重损伤的同时也造成了恐慌。

官方认定，在战争中使用毒气属于践踏人道主义——1899 年《海牙公约》禁止在战场上"传播窒息和有毒气体"。但是，毒气对瘫痪敌军确有奇效，引致各方广泛使用。前线官兵都配发防护装备也就不足为奇了。

开始时，防毒器具包含了护目镜和浸泡了小苏打——或者尿的面罩。到 1915 年秋天，防毒面罩原型出现了，正如右侧照片中德军士兵所示。他们的驴子戴了一副人的防毒面罩，不过马用面罩很快就问世了。

很快新式毒气也研制成功，比如能够破坏皮肤并杀伤人员的芥子气。毒气弹也代替了毒气罐，作为更可靠的传播方式。诗人们为后代记录了毒气的可怕。在《为国捐躯》中，英国士兵威尔弗雷德·欧文描述称，鲜血"从泡沫状腐坏的肺脏中汩汩流出／和癌症一样恶毒，像反刍物一样腥臭"。战争死难者中虽只有 2% 的人死于毒气，但它是名副其实的黑暗力量。

飞艇进攻

在第一次世界大战的第一年，19世纪的战争规则即遭尽弃。一个恐怖的战争时代已经到来，大规模死亡和平民攻击变得稀松平常。就连极少受欧洲战事波及的英国本土，如今也不再安全。

第一起针对英国平民的轰炸来自几艘偷袭的巡洋舰，它们于1914年11月3日炮击了大雅茅斯。约两个月后，1915年1月19日，这座诺福克小镇（包括邻近的金斯林）又第一次成为一种新式武器的目标，那就是飞艇。

飞艇袭击是德国打击英国民众士气策略的一部分。入夜，灌满氢气的飞艇——主要是铝制框架的齐柏林飞艇，也有木质框架的舒特-兰兹飞艇——将朝脚下的城镇倾泻多达1360千克的炸弹。1915年5月31日伦敦首次遭袭，炸弹遍落东区至北城，死伤40人。

如右侧照片所示，损毁场面吸引人们驻足，他们对"真正的"战争滋味充满好奇。民愤刺激了防空机构采取行动。1916年秋天，英国皇家飞行队击落了飞艇。民众在地面为他们的"斩获"欢呼雀跃。不过数月，人们对飞艇袭击就见惯不怪了。而一种更有效的空中杀手正在登上舞台，那就是轰炸机。

1916

消耗战

我发现这个可怜的家伙头肩在坑道外数米，

双腿在坑道里，其余部分完全不见了。

——R. P. 佩林上尉谈及索姆河战役中他的勤务员的遭遇，

1916 年 7 月 14 日

1916年7月1日早上7点，法国北部皮卡第大区贝尔蒙哈默村，在狭窄的英军第二道堑壕中，数名士兵正在掩体中做恶战前最后的休息。周遭一片"寒冬"景色。此时虽是盛夏，但堑壕挖掘翻起这里的白垩土壤，给地面染上了一层白霜。人们在等待。隶属皇家工程兵部队的摄影师约翰·沃维克·布鲁克捕捉到一名士兵的目光——或畏惧，或无奈，或疲惫（见第88页）。

过去一周，协约国军队1400门火炮向对面的德军阵地发射了如雨点般的炮弹。7点20分，戏剧性的一幕震撼了大地。在贝尔蒙哈默村外德军占领的山楂岭高地脚下，40600磅（约18416千克）"阿芒拿"（一种硝酸铵与铝粉混合的炸药）被引爆。十分钟之内，威力更大的地雷惊雷遍地。7点30分，零时（Zero Hour）到来，英法步兵从堑壕中爬起，开始冲锋。

多数英国士兵是第一次上战场。他们由"同伴连"制度招募，即是说，他们都是同乡或同事。现在，他们正在索姆河。

士兵们缓缓前进，一如训练时所教。步枪扛在肩上，背负60磅（约27千克）装备。上级告诉他们，敌军堑壕威胁不大，因为它们已为炮击预先摧毁。这个说法很快被证伪。实际上，炮击根本没有捣毁德国人的铁丝网和地堡。于是，在战区北翼——贝尔蒙哈默即在其中，两轮冲锋的英军受阻于铁丝网阵，为机枪大肆屠杀。幸存者在德军的火炮轰击中爬回本方阵地。冲锋在南翼尚属成功，尤其是法军，但英军命运仍旧悲惨，损失之大史无前例。索姆河战役第一天英军就有57470人阵亡、失踪或负伤，是英军有史以来，包括未来最惨重的伤亡。血腥的胶着战还会再持续四个月。

索姆河攻势是长期筹划的产物。1915年12月，协约国指挥官们决定协同作战，同时对德军阵地发动进攻。两个月后，英国西线总司令道格拉斯·黑格爵士同意英军的攻势将集中于索姆河和昂克尔河。岂料1916年2月21日，德军率先向法国凡尔登要塞的森林和堡垒万炮齐发，拉开了将持续十个月的法德大战的帷幕，协约国计划由是泡汤。

为解凡尔登之困，索姆河计划被提前，又推迟，然后暂时搁置。最后，黑格及政府高层确认在6月底发动进攻，以期分散德军在凡尔登的兵力。英国如今同意扛起大部分战斗任

1916年2月21日

协约国军队的进攻计划被德军对法国凡尔登要塞的大规模进攻所打断，这场投入重兵的血战持续到了12月。

1916年4月24—29日

在爱尔兰的复活节起义中，武装起来的民族主义者主要在都柏林与英军展开战斗，最后投降。叛军首领被迅速审判和处刑。

1916年5月31日—6月1日

英国与德国在丹麦海岸线附近展开了第一次世界大战期间唯一的大规模海战，史称日德兰海战（或称斯卡格拉克海峡海战），两国海军激斗不分胜负。

1916年6月4日

俄国阿列克谢·布鲁西洛夫将军在东线突然发动进攻，奥匈帝国几乎灭国，但俄国的胜利只是昙花一现。

1916年7月1日

英法联军发起索姆河战役不久，英军就遭受了将近6万人的伤亡。到战役结束时（11月），协约国军队只推进了约8千米。

务，起用 1914 年招募的"新军"。但从很多方面看来，他们不敷使用，作战准备不足，对此黑格心知肚明。

索姆河战役持续到 11 月，凡尔登战役则持续到 12 月。各方损失惊人——英国及其海外军团每前进 1 英里就要阵亡 2.1 万人。1916 年 9 月协约国军队动用了坦克，造成德国守军一阵惊慌，却未取得决定性的突破。唯一的增长点是在医护伤员方面，这反映了后方妇女志愿组织的兴起。

在 12 月 23 日的汇报中，黑格回顾了索姆河战役，他说此次战役对于"摧垮敌军力量"是值得的。在非常有限的意义上，他是对的，因为 1917 年初，德国陆军军需总监埃里希·鲁登道夫下令德军后撤至新的防线。然而，胜利——如果真算的话——付出了巨大的代价，索姆河从此成为悲剧、痛苦和徒耗人命的代名词。

在西线战场之外，1916—1917 年英国的战局胜负各半。在日德兰海战中，皇家海军损失了数千条性命。紧接着在 1916 年 6 月初，一位国家英雄也殒命海上，那就是基钦纳伯爵，正是由于这位陆军元帅的号召，成千上万的年轻人才赶赴索姆河。一位非传统的新式民族英雄诞生于中东的黄沙大漠，他就是阿拉伯的劳伦斯。但在阿拉伯半岛另一端的库特，英属印军遭遇重围，面临饥饿和疾病。爱尔兰局势也因战争火上浇油，武装共和党人试图发动革命。1917 年 8 月，黑格发动了弗兰德攻势，其中最惨烈的要数帕斯尚尔战役（也作巴雪戴尔战役），大雨滂沱，污泥遍地，此役英军及其海外兵团，连同德军，有数万名士兵丧生。

在德国，德皇的战争导致的死伤逐日增加，公众也日益恐慌。诚然 1916 年至 1917 年德国在许多地区的仗打得煞是漂亮，比如在卡波雷托大败意大利，占领罗马尼亚。此外，革命精神遍及俄国也大利于同盟国。但是，西线战场依旧死水一潭。

在索姆河，德国将军奥托·冯·比洛号召死守阵地，部队要保证"敌军只能踏着我们的尸体才能继续前进"。这一立场为各方所鼓励，其后果为索姆河战场上的士兵威尔弗雷德·欧文所捕捉，写进了他的《死难青年人之歌》一诗。"牲口一般死去的人，你们的丧钟是什么？"他写道，"只有火炮野蛮的怒吼。"

1917 年 3 月 8—14 日
革命席卷俄国一周时间，反映了人们对物资短缺和战争失败的不满，临时政府成立，沙皇被迫退位。

1917 年 4 月 6 日
美国恼怒于德国潜艇战等一系列挑衅，以"协助国"身份加入第一次世界大战。它军队规模虽小，但潜力巨大。

1917 年 4 月 9—12 日
训练有素的加拿大军队在阿拉斯战役中苦战夺下维米岭。这是他们在第一次世界大战中最著名的战绩。

1917 年 7 月 31 日
英军、澳新军团和加拿大军队发动第三次伊普尔战役（战至 11 月 10 日），帕斯尚尔战役以其巨大伤亡和泥泞闻名于世。

1917 年 10 月 24 日
令双方精疲力竭的十一次伊松佐河战役后，迎来了第十二次战役，又称"卡波雷托战役"。德国军队和奥匈帝国军队联手，意大利军队一溃千里。

凡尔登

　　法国东北部默兹河畔的城市凡尔登，历史上久遭德意志人入侵。在拿破仑战争期间和1870年至1871年的普法战争期间，它都被普鲁士军队攻打。以至于第一次世界大战，它由十九座堡垒组成的屏障拱卫，固若金汤。不幸的是，在1916年，正是这金城汤池让凡尔登周围的区域变作屠场。

　　凡尔登战役始于1916年2月21日凌晨4点。1200门德国火炮齐发，炸出了40千米的前进道路，步兵随后跟进。四天内，凡尔登最大的杜奥蒙要塞宣告投降。恐慌席卷法国，协约国军队慌忙间大举进入，欲阻止德国人前进。

　　之后九个月，直到1916年11月法国重夺杜奥蒙为止，双方都把凡尔登战役当作典型的消耗战。德国的目标，据总参谋长埃里希·冯·法金汉说，是要让法军流血"而亡"。法国人的策略则是罗贝尔·尼维尔将军所总结的："决不让他们通过！"凡尔登战役成为整场战争中耗时最长的战役，导致70万人伤亡，其中25万人阵亡或失踪。右侧照片所示为一名无生命迹象的德国军人，那个荒诞数字中的一员。

复活节起义

困在世界大战中的英国因国内的严重问题分散了精力。1916 年 4 月，都柏林爆发了反对英国统治爱尔兰的起义，人称"复活节起义"。

早在 1914 年，英国政府就为赋予爱尔兰自治权的问题伤透了脑筋。各方同意全面自治需在对德战争结束后实施。但并非所有人都满意，尤其是爱尔兰共和兄弟会（Irish Republican Brotherhood, IRB）的成员，他们（受德国支持）把第一次世界大战视作独立的机会，而非幕间休息。

1916 年 4 月 24 日星期一的复活节，荷枪实弹的爱尔兰共和兄弟会革命者聚集在都柏林市中心，随后分散至环绕城市的各个岗哨。他们在邮政总局（General Post Office, GPO）建立了总部，与英军激战五天。战斗结束之后，都柏林多处成为废墟，邮政总局烧得只剩框架。左侧照片所示为儿童在被炮弹、机枪和手榴弹毁坏的街道废墟上攀爬。

超过 450 人在复活节起义中丧生，随后还有激烈的报复行动——英国人处决了 15 名起义军领袖。但从长远看来，报复行为适得其反，为爱尔兰民族主义运动赢得了广泛而坚定的支持。英国和爱尔兰的纠纷远未结束。

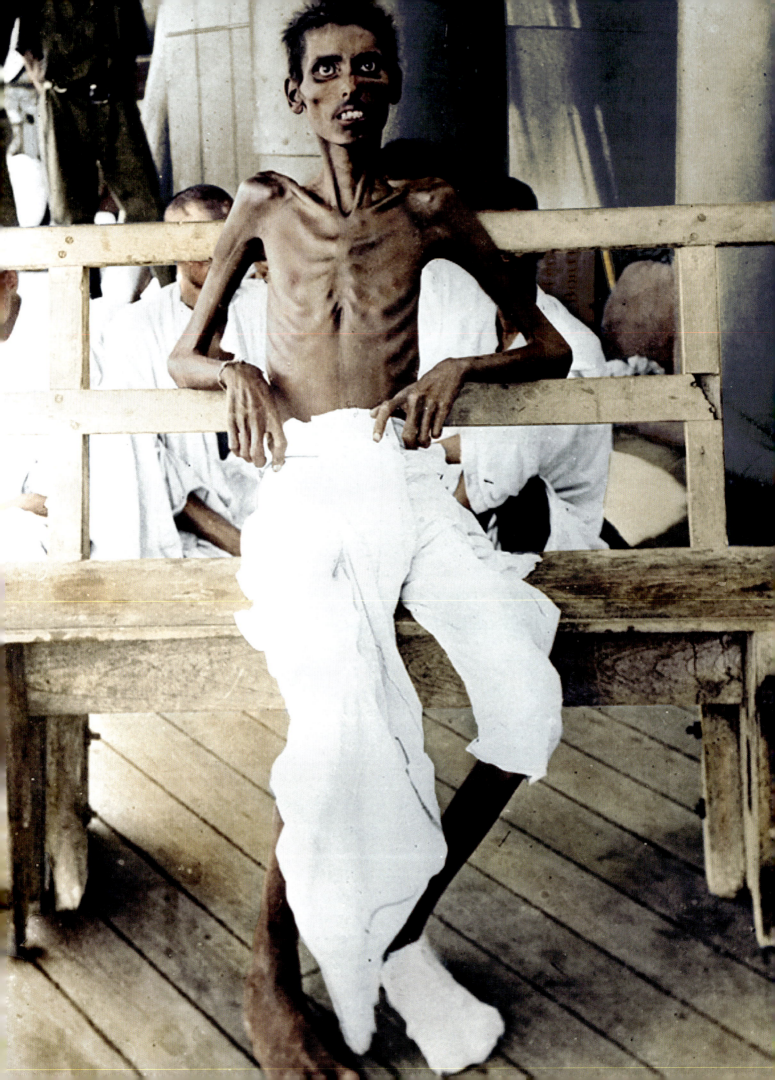

库特之围

1916 年春天，大约在都柏林 6000 千米以外的美索不达米亚，英国迎来了另一个截然不同的问题。上千英军和英属印军被奥斯曼帝国军队围困在巴格达南面不远的库特。

库特之围始于 1915 年 12 月，在泰西封血战中败退的英国陆军部队，奉少将指挥官查尔斯·汤森之命避入库特喘息，却被奥斯曼军队封锁了出路。指挥奥斯曼军队的是素以冷酷闻名的哈利勒帕夏，以及年迈的普鲁士陆军元帅科尔玛·弗莱赫尔·冯·德·戈尔茨。

英军数次救援库特未果，反而付出 2 万人死伤的代价。同时在库特城内，食物和补给日渐短缺。人们吃马充饥，营养不良致使疾病横行。最终，在 1916 年 4 月 29 日，汤森率部投降。战争的余下时间他都在软禁中度过，但他消瘦的部下，比如左页照片中的印度士兵，命运就更加悲惨。4000 人在被俘中死去：他们被迫顶着高温在伊拉克的沙漠中强行军，有人患病身故，有人力竭而亡。

这是奥斯曼帝国的一场大胜。对于英国人来说，库特之围是堪比加里波利的惨败。很多人认为，它也是协约国军队在整场战争中遭受的最悲惨的失败。

布鲁西洛夫突破 ▶

1916 年在欧洲的东线战场，有一场死伤无数、跌宕起伏的军事行动。这次行动由沙皇尼古拉二世亲自部署——他从 1915 年 9 月就开始亲自指挥俄国的战争，不过这场仗被冠以他最杰出的将军阿列克谢·布鲁西洛夫之名。

"布鲁西洛夫突破"意在挽回战争第一年俄军的数场败仗，拯救低迷的士气，同时对奥匈帝国军队施以毁灭性的打击，以纾俄国西线盟友与意大利前线之困。布鲁西洛夫计划不依靠消耗战，而是先以优势兵力精确打击敌方防线的薄弱环节，然后大规模部队再迅速跟进。他要集中兵力于科韦尔和利沃夫一带（今属乌克兰）。

进攻于 1916 年 6 月发动，堪称大捷。第一周就抓获了数十万俘虏，夏末时布鲁西洛夫已经推进至喀尔巴阡山脉。双方都承受了惊人的死伤，但奥匈帝国受到的创伤是致命的。

后面这张照片中，沙皇尼古拉二世正在检阅准备参加布鲁西洛夫突破的部队。俄军少有头盔，士兵们戴着典型的大盖帽。为了应对严酷的天气和地形，他们把大衣卷好斜挎在身上，脚踩上好的黑色皮靴。

基钦纳的道别

1916 年 6 月 1 日，六十五岁的陆军元帅霍雷肖·赫伯特·基钦纳伯爵被拍到从英国陆军部走出，步态坚定。四天后，他死了。基钦纳登上皇家海军巡洋舰"汉普郡"号，赴俄国参加峰会，军舰在斯卡帕湾触发德国水雷爆炸沉没。他的尸体此后一直未被找到。

作为大英帝国的伟人之一，基钦纳之死震动全国。他世纪之交时在苏丹和南非作战，赢得大名；1914 年 8 月他受命担任陆军大臣，比身边所有人都准确地判断了英国眼前这场战争的长度和烈度。

有鉴于此，基钦纳发动了大规模的军事招募。他那副长着著名胡须的面孔登上无数海报，现身说法，号召英国爱国的年轻人参军。他是真正意义上的英国战争的面孔。国王乔治五世说他的死"对我是重大打击，是国家和协约国的重大损失"。

基钦纳之死连同另一件海军大事让战争形势雪上加霜，那就是日德兰海战。日德兰海战发生于 5 月 31 日到 6 月 1 日的丹麦海岸附近海域，是第一次世界大战期间最大规模的海上交锋，亦是英德军舰之间的最大规模冲突。两军接近 1 万名水兵阵亡，战舰损失合计 25 艘（总排水量约 20 万吨）。

索姆河的炮声

索姆河战役于基钦纳死后还不到一个月的1916年7月1日正式打响，此时协约国军队的炮击已经持续七天了。170万发炮弹倾泻如雨，直落德军阵地。尽管火炮悍猛，德国守军却毫发无损，当英军开始向敌阵冲锋，德军的机枪如刈麦般收割了成千上万条性命。

这就是西线战场的炮战悖论。虽然饱和炮击可以制造恐怖和杀伤，却往往达不到本来的目标，通常只能被敌军用作进攻就快开始的警报。

英国陆军最大口径的火炮掌握在皇家要塞炮兵（Royal Garrison Artillery, RGA）手中。左侧的照片摄于1916年8月索姆河战役期间，皇家要塞炮兵第39攻城炮兵连在弗里库尔-马梅兹山谷的白垩土上作战。士兵正在发射8英寸重型榴弹炮。这款火炮被视为相当好用的重活儿能手，常用于摧毁敌军炮阵、要塞和设施。

皇家要塞炮兵还配备了机动性更好的轻型6英寸榴弹炮，超过40吨的9.2英寸榴弹炮，还有偶尔安置在轨道底盘运输的巨型12英寸榴弹炮。皇家要塞炮兵更大的炮要数15英寸榴弹炮，巨大无比，也笨重无比，所以较少使用。

罗马尼亚的征服者

陆军元帅奥古斯特·冯·马肯森是德国陆军最杰出、最资深的军官之一，他的戎马生涯可回溯至 1870 年代。他并非贵族出身，但自信非凡，与德皇威廉也有私谊。战争爆发时他已六十四岁。他的大部分军事经验得自普鲁士轻骑兵团的服役经历，这段经历为他赢得了穿戴黑骷髅（Totenkopf）制服、皮毛峨冠的殊荣，如左页照片所示。

1914—1915 年，马肯森率军在东线与塞尔维亚人战斗，战功赫赫，下属对他爱戴有加，认为他是"身先士卒、有猎手直觉的指挥官"。1916 年，他发现了新猎物——罗马尼亚。

1916 年 8 月罗马尼亚对奥匈帝国宣战，挥师特兰西瓦尼亚。马肯森还以颜色，率领多国部队——包括德国、奥斯曼帝国、奥匈帝国和保加利亚的——进攻罗马尼亚。12 月他攻下布加勒斯特。建此奇功后，他再获嘉奖，德皇授予他最高级别的铁十字勋章，还以他的名字命名了一个新战列舰级别。

1917 年，马肯森被委以罗马尼亚占领军军事总监之职。他比一战长寿得多，活到了 1945 年，享年九十五岁。他的人生和公职生涯从普法战争开始，见证了第三帝国崛起，结束于第三帝国灭亡。

坦克　▶

当马肯森在罗马尼亚时，索姆河继续吞噬着生命、国库和军方的关注。于是，一项新发明被研制出来，希望能打破僵局。1916 年 9 月 15 日，在福莱尔-库塞莱特战役中，英军首次在战场上使用了坦克。

坦克是在英国海军大臣温斯顿·丘吉尔的赞助下发明出来的，最初的设想是研发"陆上军舰"。十五辆马克 1 型坦克抵达了索姆河，每辆八人操作，装配了足以摧毁铁丝网、碾压机枪防线的履带。有的（"雄性"坦克，相对于其他"雌性"坦克）还装备了 6 磅炮。

操作早期坦克作战有相当的难度和危险性。难度之首就是坦克车组乘员会紧挨着发动机和油箱——马克 4 型就把油箱移到了车身外部。如后面的照片所示，1917 年，一辆马克 4 型坦克正在通过一条旧壕沟。坦克会被重机枪火力和炮弹所伤，难以操纵，缓慢如牛，时常抛锚，而且沟通尚需（至少在早期）旗语，甚至信鸽。不过，坦克为英军元帅道格拉斯·黑格爵士建立了极大的信心，令敌人闻风丧胆，德军称其为"魔鬼的马车"。

阿拉伯的劳伦斯

1909 年，如今人称 T. E. 劳伦斯或"阿拉伯的劳伦斯"的托马斯·爱德华·劳伦斯还在剑桥大学历史专业学习，他踏上了为期三个月、全程 1600 千米的徒步叙利亚之旅，寻访中世纪十字军运动时的要塞遗迹。毕业后，他回到东方，学习阿拉伯语，成为一名考古学家。他聪明、坚韧，对奥斯曼帝国治下的中东了如指掌，战争爆发时他欣然加入英国军方情报部门，为内盖夫沙漠绘制地图。

1916 年劳伦斯正在阿拉伯半岛。他与麦加的谢里夫（10 月已自命"阿拉伯之王"）之子费萨尔交好，深度参与、挑动了阿拉伯人对奥斯曼帝国的起义。他在沙漠中纵横驰骋，如左页照片中所示，一副阿拉伯人的典型打扮。不久，劳伦斯就不仅仅是英军联络人的角色，还成了阿拉伯游击队实际上的领导人。其后两年，他指挥一支非常规部队，多次袭击奥斯曼帝国的铁路、桥梁，还参加了夺取大马士革的战斗。战争结束时他衔至少校，但伤痕累累，有的是肉体上的，比如 1917 年 10 月被俘后遭毒打和性侵留下的（他后来如此声称）。

战后，劳伦斯风光无限，他演讲、写作，讲述他在异域身穿异族服饰英勇作战的故事，他成了名人。1920 年代他加入英国皇家空军，却于 1935 年因摩托车事故丧生。

二月革命 ▶

西线的索姆河与凡尔登血战，终于在 1916 年与 1917 年之交的冬天走向终点。然而在东线，冬天还将迎来一场革命，它永远地改变了俄国。

布鲁西洛夫突破之后，俄国在东线的战绩乏善可陈，俄国民众日渐心灰意冷。食品和燃料供应短缺，通货膨胀严重，死伤数字高企。士兵和工人都有反意。他们的愤怒集中于 1915 年起亲自指挥战争的人——沙皇尼古拉二世。

后面这张照片摄于彼得格勒，普季洛夫冶金厂的工人罢工抗议，要求涨薪。罢工始于 1917 年 2 月 22 日（儒略历，公历是 3 月 7 日）。罢工导致了上街游行。不出一周，沙皇政府就对形势失去控制，军队受命扑灭那些公开的反叛。工人和士兵不顾沙皇的遣散令，组建了自己的政府（苏维埃）和俄国议会杜马。

3 月 2 日（公历 3 月 15 日），尼古拉二世退位。其弟米哈伊尔大公拒绝登基，预示罗曼诺夫皇朝乃至数个世纪的沙皇统治即将结束。临时政府成立后，企图挽救帝国，继续进行战争。不过，俄国革命还远未结束。

空战

普鲁士贵族曼弗雷德·冯·里希特霍芬，人称红男爵（胸前挂望远镜者），是第一次世界大战时各方都承认的一位勇士。他英俊、致命，由于选择了战时创造的战斗机为武器而更加迷人。

在战争初期，飞机主要用于侦察。飞行员运用航空摄影和飞机的绘图优势，为地面指挥官提供精确信息，以便他们谋划军事行动，部署炮阵。既然空中侦察行之有效，击落敌机、破坏侦察的飞行器便随之诞生。1915 年，德国工程师研制出与前螺旋桨相协调的机枪，空中战场由是真正开辟。从此，里希特霍芬这样的人——右侧照片中他与同僚站在一架福克双翼飞机前——就让大众心驰神往，一半是因为他们的任务危险之极——飞行员平均只能活三周时间。

1917 年英国进攻阿拉斯，红男爵成为英国皇家飞行队的噩梦。在当年被称为"血腥四月"的时间里，面对技战术更胜一筹的德国飞行员，英国损失了 200 多架飞机。冯·里希特霍芬挺过了这场仗，并且又活了一年。一年后他驾的飞机在福克斯－萨－索姆（Vaux-sur-Somme）被击落，据说死前口中咒骂"故障"（kaputt）。

妇女预备救护车队

　　第一次世界大战的大规模杀戮让妇女志愿组织有了用武之地，它们的成员出没于前线和国内。其中就有活跃于 1915 年至 1919 年的妇女预备救护车队，也叫绿十字团（Green Cross Corps）。

　　救护车队队员身穿暗绿色战地军装，头顶呢帽，佩戴军衔。她们还有吉祥物：在左侧这张摄于 1916 年 6 月的照片中，一只牛头犬充当了这个角色。救护车队的大部分工作在伦敦维多利亚车站附近进行，队员在那里接待乘火车回家的伤兵，还要为成千上万名休假的士兵寻找住处。救护车队的妇女并非全职，她们还要兼顾家庭，承担了各式各样的任务：飞艇袭击后的善后、医院的勤务以及运送弹药。

　　妇女预备救护车队是成立于 1914 年的妇女志愿预备队（Women's Volunteer Reserve）的分支机构，后者由埃夫里娜·哈弗菲尔德（Evelina Haverfield）创立。她出身于军事贵族家庭，主张女性参政。哈弗菲尔德原想组建一支装备步枪的女子卫队，以对付来犯的德国入侵者。领导救护车队不久，喜好冒险的她就出了国，先赴塞尔维亚，后到罗马尼亚和俄国，同与她拥有类似角色的苏格兰妇女医院创办人艾尔西·英格里斯（Elsie Inglis）医生，在险象环生的条件下一起工作。

卡波雷托

1917 年秋天对于意大利前线来说是个重要关头，它终于结束了十二次沿伊松佐河的战斗。意大利加入战争两年多，这一系列战役给它以重创。右侧这张照片拍摄的是奇维达莱（Cividale）附近山岩遍地的意大利士兵尸体，是可见战况之惨烈。

1917 年夏天，情况已经明朗，意大利和奥匈帝国军队的伊松佐河战役对双方消耗巨大，几次险些酿成兵变。意大利士兵在路易吉·卡多纳的领导下苦不堪言。此人残暴古板，将兵无能，最骇人听闻的是他喜欢随意处决士兵，威逼部队拼命。此时，德皇威廉批准装备了毒气弹的德国师前来助战。

10 月 24 日，对卡波雷托（今日斯洛文尼亚的科巴里德）的毒气和炮弹轰炸宣告了最后一次伊松佐河战役的开始。德国突击队手持机枪和火焰喷射器在炮火的掩护下出动。随着更多的德奥军队水泄而出，意大利军队的防线出现溃堤，他们仓皇溃败，逃至威尼斯以北 32 千米处的皮亚韦河一线。一些意大利士兵扔掉制服，丢下头盔，还有数十万士兵干脆投了降。这场残酷而耻辱的灾难，将永远留在意大利的民族记忆之中。

帕斯尚尔

当意大利军队在卡波雷托遭受惨败时，另一场丑恶的战事也在西线展开。贯穿第一次世界大战，比利时城市伊普尔附近战火不绝，但其中被称作帕斯尚尔之战的那个阶段，悲惨程度尚无出其右者。

从德军手中夺取帕斯尚尔岭是英国陆军元帅黑格之大战略的一部分，试图借此延伸英军战线，干扰敌军铁路，摧毁弗兰德海岸的德军潜艇基地。不过，即将留在历史中的不是恢宏的军事战略，而是单纯的人类苦难。

1917 年 7 月中旬，英军为了便于步兵进攻，对德军阵地实施了 400 万发炮弹的轰击。此举的唯一收获是将弗兰德的黏土地里里外外翻犁一遍；8 月暴雨如注，地面成了滞重、冰冷、泥泞的沼泽。如左侧照片所示，早在 8 月 1 日，泥地就能让这队英国担架兵双膝没入（摄于帕斯尚尔几千米外的波辛格附近）。

英军及其海外军团——大部分来自澳大利亚、新西兰和加拿大——参加了这场持续三个月的烂泥中的攻势。他们都能记得身在其中的可怕滋味：被铁丝网缠住，被机枪弹幕包围、射死，人们恐惧至极，爆发出垂死的疯狂。最终，黑格以各方共计 47.5 万人伤亡的代价取得了前进约 8 千米的战果。"我在地狱死去，"诗人西格夫里·萨松（Siegfried Sassoon）写道，"他们叫它帕斯尚尔。"

伊普尔残迹

右侧这张航拍照片摄于最惨烈的一场仗之后，它证明了包括帕斯尚尔之战在内的五场伊普尔大战已经将这座城市毁坏殆尽。那些无顶大楼就是连月炮火的铁证，残垣断壁是比利时被摧残的纪念碑，也是第一次世界大战摧毁欧洲的纪念碑。

照片中央是中世纪圣马丁教堂的残迹。它的右边是烧塌的另一座伟大的中世纪哥特式建筑——织物展览馆（Cloth Hall）。照片上方是所谓"爱的广场"（Plaine d'Amour），那里曾经绿草茵茵，战争让其成了公墓。

英国士兵把 Ypres（伊普尔）叫作"Wipers"（雨刮器）[他们还戏称附近的普卢赫斯泰尔特（Ploegsteert）为插头街（Plugstreet）]。他们在伊普尔一处人去楼空的出版社刊行了一份讽刺报纸，名叫《雨刮器时报》（The Wipers Times）。创刊号始于 1916 年 2 月 12 日，将伊普尔"残缺的房屋尖顶"比作"魔鬼的手指"，"好似指向天堂，为复仇而哭泣"。一位作者写道，"明天她的名声会好"，因为"人们谈起她时，把她当作英国士兵的家"。

战争结束后伊普尔重建，伟大的中世纪建筑被尽可能地还原，恢复昨日的光彩。伊普尔如今是门宁门纪念馆（Menin Gate memorial）的所在地，用以纪念失踪的英军及其海外军团官兵。

1917—1918

突破

都上船回家，回温馨的家，

回到我离开的姑娘身旁，

再次跨过白浪，

家人都盼我回来。

——1918 年一首美国歌的歌词，爱迪生·伯克哈特作词，

阿瑟·菲尔兹演唱

第一次世界大战时，弗雷德·麦金泰尔下士（见第 122 页照片）在美国陆军第 369 步兵团服役。该团功勋卓著，"哈林地狱勇士"的诨号无人不知。麦金泰尔被其他地狱勇士称作"鬼卒"（Devil's Man）。虽然诨号慑人，但地狱勇士及其国人在欧洲并无不轨行径，相反在协约国看来，美国在 1917 年加入战争实乃久旱甘霖，是扭转战局、加速德国失败的决定性举措。

三年前战争开始时，美国政府对是否参战踌躇不定，这是美国公众偏爱和平、坚持中立的反映。尽管美国银行向英法发放贷款，但真要把国民的孩子送去西线堑壕送死，势必引发政治纷争。1916 年 11 月，伍德罗·威尔逊赢得总统连任，其竞选口号是"他让我们避开了战争"。

不管美国如何坚持中立，德国人的暴虐妄为及其"比利时大屠杀"的罪行是无法抹去的。他们还袭击了大西洋上的美国船只。1915 年，英国皇家邮轮"卢西塔尼亚"号（见第 73 页）被德国潜艇击沉，一百多名美国公民葬身鱼腹。这次灾难后的短期内，德军指挥部暂停了"无限制"潜艇战（下令潜艇像击沉敌国军舰一样击沉商船）。不过，1917 年 2 月 1 日无限制潜艇战去而复返，又一次给美国公民在大西洋和北海的航行制造生命威胁。当月底，威尔逊总统得知了齐默尔曼电报：这是一封德国外交大臣写给德国驻墨西哥公使的电报，委托后者提议建立德墨同盟，条件为"我方理解墨西哥重新获得得克萨斯、新墨西哥和亚利桑那旧土的愿望"。此后，滔滔公愤淹没了孤立主义。4 月 6 日，威尔逊总统签署对德国开战的文件，声称美国要"为了民主，保卫世界安全"。

于是当年底，"鬼卒"麦金泰尔等地狱勇士登陆法国。这些人仅是美国参战部队中的极小一部分，至战争结束时，美国将向大西洋彼岸派去 200 万士兵。

地狱勇士由纽约国民警卫队改编，人们津津乐道于他们的几大特点：非凡的勇气，不拘一格的拉格泰姆风格军乐队，以及他们都是黑人。美军中只有 10% 的非洲裔士兵，获准使用武器的也仅有两个"有色"师而已。这是美国社会流毒已久的种族主义使然，白种美国人生怕奴隶后代接受了军事训练。

然而，第 369 步兵团在美国部队中一马当先，率先投入战斗。1918 年 7 月，他们和法军在马恩河并肩作战。实际上出于军事原因，他们被编入法军，和美军的其他非洲团一道接受法国陆军的指挥，混穿军装（戴法军的阿德里安头盔），拿法军步枪，喝法军定额红酒。

在所有美军步兵团中，地狱勇士在西线的损失最为惨重，他们的英勇无畏受到高度表彰。其中之一，绰号"黑死神"（Black Death）的亨利·波特（Henry Porter）是第一个得到法国著名的英勇十字勋章的美国人，后来第369步兵团全员都被授予了这个奖章。

这张照片摄于1919年，地狱勇士正要登上美国军舰"斯德哥尔摩"号离开欧洲。麦金泰尔手拿一张德皇照片，相框由子弹拼成。子弹是他从一个德国士兵身上缴获、留作好运的。命运的确眷顾他，麦金泰尔得以平安返乡。纽约父老像迎接英雄一样欢迎地狱勇士凯旋。他们是第一次世界大战中作战时间最长的一个美军兵团。

正当美国1917年加入战争时，另一个交战国，也是未来的超级大国退出了战争。1917年末，化名"列宁"的弗拉基米尔·伊里奇·乌里扬诺夫和列昂·托洛茨基领导的布尔什维克革命推翻了资产阶级临时政府，同时在邻近的芬兰——时为俄罗斯帝国的一部分——引发了惨烈的内战。1918年3月，经托洛茨基谈判，苏俄签署了《布列斯特-立托夫斯克和约》，在极其有利于德国及其盟国的苛刻条件下退出了战争。1918年7月，逊位并遭软禁的俄国沙皇一家在叶卡捷琳堡被杀害。

苏俄退出世界大战而受缚于内部冲突，对奥斯曼帝国不啻为福音。但土耳其人在1917年也惨淡收场，节节败退。在英国海外军团与阿拉伯杂牌军的联手进攻下，土耳其人丢失了大片土地。12月，英军攻破耶路撒冷，埃德蒙·艾伦比将军步行进入该城。虽然英国官方不允，但一些区域还是举行了庆祝仪式，将之作为新一次十字军运动的胜利。

对德国人来说，俄国人退出，美国人加入，他们更需一次决定性的胜利。1918年初的"春季攻势"——或称"帝国战役"——为德国在西线夺得的土地，比任何国家自战争之初所获的都要多。但是，德国的努力最终付之东流。1918年夏天，美军源源不断涌入法国。人称"百日攻势"的协约国反攻首先在亚眠告捷，之后竟让德国将其在当年春天所得尽数返还。10月，战争大局已定，唯一的问题是德国将如何投降。

停战协定解答了这个问题，它于1918年11月11日生效。协约国最后一名阵亡士兵大概是美国中士亨利·冈瑟，他向敌阵发起冲锋，在官方宣布和平前的最后一分钟中枪身亡。他只是美军伤亡的约5.4万人中的一个，这场有史以来最残酷的战争，美国也只是短暂参与而已。

1918年7月16/17日

被软禁的逊位沙皇尼古拉二世一家在清晨被杀。

1918年8月8日

协约国军队进攻亚眠，当天成为"德军的厄运日"，同时也引出长达一百天的协约国攻势。

1918年9月29日

协约国与战败的保加利亚签署停战协定；随后也与崩溃的奥斯曼帝国（10月30日）以及分裂的奥匈帝国（11月3日）签署了协定。

1918年11月9日

协约国军队继续挺进，德国海军哗变，国内革命来势汹汹，德皇威廉二世被迫退位。

1918年11月11日

上午11点，协约国拟定的停战协定生效，叫停了西线的战斗。第一次世界大战正式结束。

自由贷款

"肥佬"罗斯科·阿巴克尔是好莱坞喜剧短片明星，广受欢迎，身价不菲。左页照片中，阿巴克尔正在纽约时代广场张贴一张海报，向美国公众推销"1917年第二次自由贷款"。阿巴克尔不是唯一一个为其站台的人，其他明星如查理·卓别林、道格拉斯·费尔班克斯、玛丽·皮克福德都在鼓励美国人慷慨解囊，帮助政府向第一次世界大战中的协约国发放借款。

1917年4月至1918年9月，美国财政部四度发行战争国债，初时针对投资巨子，后来是普通百姓。按照规定，国债初期利率为3.5%，恒定不变，购买者十五年后可以兑偿。为激励民众，名称隐讳的公共信息委员会成立，负责制造舆论，营造普遍的爱国责任感。在某张标志性的海报上，口号直言不讳："你的责任：购买美国政府债券。"

美国人长期对大西洋对岸的战争避之不及，宣传家使尽浑身解数要扭转这种态度。一个有效的比喻是——借用自英国方面的宣传——将德国人比作野蛮的匈人。与此匹配的是，"自由"（liberty）一词提枪上阵，被定义为战争的目的。餐厅把德国酸菜改名为"自由白菜"（liberty cabbage）；战争国债也不可避免地贴上了"自由国债"或"自由贷款"的标签。

"伦敦的盛大欢迎" ▶

1917年8月15日，伦敦见证了一幅不同寻常的景观。数百名精神焕发的年轻美国士兵从海德公园里的威灵顿营地鱼贯而出，在冷溪近卫团军乐队伴奏下走上大街。他们头顶标志性的"蒙大拿峰"作战帽，四个一排穿过圣詹姆斯公园，至美国使馆处稍停，行军礼，然后继续向白金汉宫行进。在白金汉宫，国王乔治五世在母后亚历珊德拉以及首相大卫·劳合·乔治的陪同下向他们举手致意。在后页的照片中，蜿蜒的队列两边是成千上万欢快而好奇的伦敦百姓，一个小孩抓住了一位"面团子"（Doughboy，当地人都这么叫美国步兵）的手。在政府的新闻纪录片中，此次游行被称作"伦敦的盛大欢迎"。

他们确实受欢迎。美国加入战争，带来了金钱、资源、弹药，还为这场看重蛮力和纯粹数量的战争带去了规模庞大的精壮人力。1917年，美国尚是最小的"参战国"之一，但征兵工作将招募到大量人员，只是他们还没有现成的军事经验而已。照片中的士兵，他们还需数月的训练，以及对西线战争环境的适应。第一批美国远征军（American Expeditionary Force, AEF）于1917年6月抵达欧洲，但他们要到10月才会迎来第一场真正的战斗；而大部分美国远征军官兵要直到战争最后三个月才会披挂上阵。

托洛茨基

列昂·托洛茨基，乌克兰人，真名叫列夫·达维多维奇·布隆施泰因（Lev Davidovich Bronstein），是久经考验的革命家。1917 年初时，他的履历就包括宣传左翼思想，在西伯利亚坐过牢，越过狱，1905 年革命时当过圣彼得堡苏维埃主席，写过革命理论著作，做过巴尔干的战地记者。

和所有受马克思主义启发的"社会民主党人"一样，托洛茨基反对第一次世界大战，也反对俄国加入这场战争。战争时期的前三年，他过着流亡生活：初期在中立的瑞士，后在欧洲许多国家驱逐他之前去了美国。1917 年二月革命后，托洛茨基看到了回国的机会。他于 5 月时回到俄国，亚历山大·克伦斯基领导的资产阶级临时政府摇摇欲坠，不久他就谋划彼得格勒苏维埃取而代之。

夏天到来，俄国军队哗变此起彼伏，临时政府跌跌撞撞。托洛茨基因参加了一系列被称作"七月事件"的暴力示威活动而银铛入狱。在狱中，他偶然接触了布尔什维克党，加入了中央委员会。他的机遇来了。

左页这张照片拍摄于 1924 年的格鲁吉亚城市苏呼米，此时俄共（布）已经执掌苏联大权。但战友列宁已死，托洛茨基自己也备受冷遇。他即将被自己参与建立的政权扫地出门（并最终被流放、暗杀）。

冬宫 ▶

1917 年 10 月（儒略历），在布尔什维克党领导的革命中，俄国资产阶级临时政府倒台。革命领袖鼓动了彼得格勒以及全国的工人和农民，还有哗变的军队。他们的口号简洁有力——"一切权力归苏维埃！""和平！面包！土地！"

起义持续了四十八小时，从 10 月 25 日到 26 日（公历 11 月 7 日到 8 日），起义军攻打并占领了全城的政府大楼。托洛茨基指挥的彼得格勒赤卫队夺占了桥梁、火车站和电报厅，声名远播。

起义第一天，临时政府总理克伦斯基就逃离了彼得格勒。是夜，革命者推翻了设于沙皇冬宫的临时政府总部，抓捕了剩下的内阁部长。和谢尔盖·艾森斯坦 1928 年拍摄的电影场面相反，围攻冬宫的过程并不十分暴力。冬宫守卫有的溜走了，有的接受了投降的命令。不过，建筑仍然有些许损坏，正如后页照片所示。该照片拍摄的是"沙皇亚历山大二世的陈列室"。

十月革命后，布尔什维克执掌俄国政权，弗拉基米尔·列宁出任最高领导人。3 月 3 日，布尔什维克政府在《布列斯特－立托夫斯克和约》中放弃了对乌克兰、白俄罗斯、波罗的海等国家的统治权，还有大量的煤炭储备，以交换和平。俄国的世界大战结束了，但一场内战正在逼近。

向饥饿开战

　　食物短缺和生活滑坡不是俄国独有的。英国也一样，战争状态开始折磨这个国家。英国政府不得不优先供给前线士兵，而生活用品的进口又受到德国潜艇的严重干扰，后者在大西洋和北海袭击商船舰队。1917年底，由于粮食短缺和物价飞涨，商店门口排起长队，人们争相购买那些他们很快就会买不起的商品。

　　为帮助受苦大众渡过难关，国有食堂出现了。粮食管理大臣朗达爵士出台政策，建立了一系列国家厨房（National Kitchen）。（左侧照片中的这家位于伦敦东头的鲍区。）服务员衣冠楚楚，厨子训练有素，提供的是最基本的食物，物美价廉，又有营养。人们只需排队、买票，即可点菜。一些餐厅提供打包服务，不过大部分是简单的堂食。国家厨房很受欢迎，有的甚至有了盈利。

　　1918年初，英国政府在全国推行食品定量制。面包、人造黄油、肉、面粉、黄油和糖等基本食品定量供应，凭票购买。这一政策和海军护航商船政策相互配合，保证了英国的粮食供应。英国的粮食状况比德国、俄国、奥匈帝国和奥斯曼帝国等参战国要好得多。后面所列的这些国家的民众正忍受着营养不良，有的地方甚至出现了饥荒。

康布雷战役

1917 年末，饥肠辘辘的英国大众兴奋地得知了康布雷战役的消息。这场战役在很多方面都不同寻常。首先，它是历史上第一次坦克集群冲锋；其次，英国人突破了——虽然只是暂时地——德国人的超长防线：兴登堡防线。

朝着康布雷防线滚滚而来的 400 辆坦克为马克 4 型，英国在帕斯尚尔服役坦克的基础上做了重大改进，制造了这一型号。先前的坦克深陷帕斯尚尔的泥地，难以施展，但康布雷的土地足够坚实。马克 4 型坦克在步兵、飞机和骑兵的配合下完全发挥了威力。11 月 20 日，英军面对 16 千米的德军防线长驱直入，取得了骄人战果（对于西线战场来说）。

可惜好景不长。战役打响十天后，德国第 2 集团军在格奥尔格·冯·德·马维茨将军的率领下力挽狂澜。他们袭击英军侧翼，出动快速突击队"渗透"，孤立对方主力，阻止了英军继续推进。12 月初，兴登堡防线基本恢复了防御能力，德国人缴获了大约 30 辆损坏的马克 4 型坦克自用。这时候，模仿就是最真诚的赞美。

占领耶路撒冷

1917 年 12 月 11 日，埃德蒙·艾伦比将军步行进入耶路撒冷老城雅法门，以埃及远征军和大英帝国的名义占领了这座城市。艾伦比没有骑马，是为了表达对这座犹太、基督和伊斯兰三教圣城的尊敬。在欧洲大陆的另一端，大卫·劳合·乔治则无此审慎，这位首相称占领耶路撒冷为"英国人民的圣诞节礼物"。

占领耶路撒冷对英国人来说是福分，对奥斯曼帝国及其德国盟友来说则是灾祸。在英属印军、澳新联军、英军，还有大部分由 T. E. 劳伦斯（见第 109 页）指挥的阿拉伯士兵的进攻下，奥斯曼人在巴勒斯坦已经连连失地，节节败退，溃不成军。他们在加沙、雅法、贝尔谢巴等地失利，最后耶路撒冷总督献城投降，因为他害怕"炸弹会扔向圣地"——圣殿山上的庙宇。

在右页的照片中，艾伦比（第一排右三）两侧是法国和意大利分队指挥官菲力·德·皮帕佩和弗朗西斯科·达戈斯蒂诺。最右为弗朗索瓦·乔治·皮科，他代表了法国重塑中东的愿望。T. E. 劳伦斯也在现场，却没有出现在照片中，他把这天称作自己戎马生涯的巅峰。

西班牙大流感

截至 1918 年，第一次世界大战导致 2000 万人死亡，2000 万人受伤、失踪或被俘。同时在战争最后一年，全球有史以来最严重的瘟疫之一突然暴发，导致了至少相同数量的伤亡。疫病在身体虚弱、营养不良和流离失所的人群中迅速蔓延。

西班牙大流感并非发源于西班牙（虽然西班牙国王也身染此疫），得名如此只因中立国西班牙率先公开报道了这种疾病；而交战各国害怕有损公众士气，压制了相关新闻报道。病源有案可查的最早记录是美国堪萨斯州的军事基地。不论起源何处，流感凶恶，导致剧烈咳嗽、高烧不退，伴随耳部和肺部出血，二十岁至三十岁服役年龄的青年患病比例奇高。死亡发生迅速，症状显现后二十四小时，或肺炎二次感染即可导致死亡，肺炎患者皮肤呈紫色。

全世界的医疗机构仓促上阵，希望遏制流感传播，但它仍在 1918 年的最后三个月达到峰值，右边这张照片即摄于当时：华盛顿特区红十字救护站的医护人员正在施救。待疫情平息，全球上千万人已经丧命。

战俘

除了巨量伤亡，第一次世界大战还制造了大约 1000 万战俘。单从战争规模就不难想象，人是以庞大的数字存在，而很难得到人道的对待。战俘营有的条件仅够生存，有的污秽不堪，均是后方司空见惯的画面。

战俘背景和国籍五花八门。前面这张德国人拍摄的照片展示了八名不同国籍的俘虏。根据原始照片附带的官方记录，他们从左到右依次是："安南人（越南人）、突国人（突尼斯人）、塞内加尔人、苏丹人、俄国人、美国人、葡萄牙人、英国人。"

战俘的多样性并不让人意外。仅英国一国的兵源地就有印度、加拿大、澳大利亚、新西兰，还有加勒比地区和南非。1918 年，协约国还将以下海外兵员计为自己的部队：几千名中国劳工以及暹罗国王派出的战斗机飞行员；法国黑人部队中的葡萄牙师和西非人；白俄军团和捷克团，巴西医疗人员和飞行员，北非的轻骑兵和摩洛哥步枪兵。

德国在宣传中谴责了如此广泛的征兵范围和"野蛮"的深肤色士兵，特别是非洲裔美国人和撒哈拉以南非洲人。这张照片的构图颇有意味，对象从最矮的安南人到最高的英国人一字排开，反映出某种种族主义和民族等级意识，当然它同样反映了西线战场是怎样的一块多民族战场。

芬兰内战

俄国罗曼诺夫皇朝的崩溃和布尔什维克的崛起带给芬兰无尽的麻烦。芬兰作为俄罗斯帝国的大公国存在已逾一个世纪。1918 年初，地位的突变终于酿成激烈的内战。

战争两方是苏俄内战的预演。一方是"红军"：左翼力量、城市居民、工人、讲俄语的人、泛斯拉夫主义者和俄军残部。另一方是"白军"：地主联盟、企业主、瑞典裔芬兰人、保皇党、亲德分子和贫苦农民。

1 月 27 日，民兵赤卫队在赫尔辛基发起革命，内战爆发。一个月内他们取得了一些胜利，不过红军领导层的稚嫩很快就显现出来。白军装备更好，还得到了德国陆军小股部队的支持。坦佩雷之战是决定性的一战，战争从 3 月 15 日持续到 4 月 6 日。白军包围了这座工业城市，某些城区被摧毁殆尽。右页照片所摄为被俘的红军战士在赫尔辛基游街示众。

到 5 月中旬，白军赢得战争。约 3.7 万人丧生，许多人死于双方用以震慑对手的政治谋杀和处决。将近 1.2 万名赤卫队俘虏在战俘营里死去，恐怖的战争记忆在几代芬兰人中挥之不去。

春季攻势

自苏俄借《布列斯特–立托夫斯克和约》退出战争，美国准备加入协约国战团，1918年的春季攻势俨然是德国最后的获胜机会。由德军统帅埃里希·鲁登道夫策划的这一战略叫作"德皇战役"，又称"春季攻势"。

从3月21日开始，围绕四次主要进攻，德军在西线全力出击。规模最大的一次是"米夏耶尔行动"，覆盖了索姆河的旧战场；另几次进攻冲击了英法在弗兰德的据点——埃纳河和马恩河。在威慑性的炮击——五小时内发射了超百万发炮弹——以及浓雾的掩护下，德军突击队员踏过协约国军队阵地。一周之内"米夏耶尔行动"向前推进了64千米。德军用巨大的远程克虏伯攻城炮炮击巴黎，法国首都一片恐慌，以为都城不保。在德国，德皇也以为战争就此结束，在兴头上还宣布全国放假。

然而，战争并未结束。入夏后便可明显看出，"德皇战役"其实是场惨胜，德军的战斗能力在耗尽，更沿战线制造了新的难于防守的"突出部"。最后一击始终没有到来，美军开始更大规模地登陆西线，协约国的重要反攻（"百日攻势"，见第153页）即将展开。剧终指日可待。

福煦元帅

斐迪南·福煦将军在战争初期就因领袖气质和崇尚进攻而为人称道。他标志性的1914年马恩河战报说道："我的中路已经放弃，我的右路已经退缩，情况极好，我在进攻！"面对德军的春季攻势，这样的斗志昂扬姿态正是协约国可期的希望。于是在1918年3月26日，当德国人以漫天卷地之势横扫至巴黎时，福煦受命为大元帅——协约国联军的最高统帅。他的任务明确而令人生畏：阻挡德国人前进，赢得西线战争。

在险象环生、血肉横飞的春夏之后，福煦看到了希望。转机在1918年7月的第二次马恩河战役到来。德军一次主要进攻被阻挡，协约国军队步兵、坦克和飞机开始了有力的联合反攻。因指挥有功，福煦获得了"法国元帅"的尊号，获颁一根装饰了金星的节杖，上有拉丁文："Terror belli, decus pacis"（战时恐怖，和时装饰）。

战争结束时福煦仍在任上，尽管他不赞成强加于德国的和平条款。战后他受到世界各地的宴请和礼遇。他1929年去世，葬于荣军院，与包括拿破仑·波拿巴在内的其他伟大的法国军事家同列。

"潘兴的十字军"

　　1917 年 4 月伍德罗·威尔逊总统签署参战文件时，美国完全无力对付一场世界大战。但时间来到 1918 年夏天，美国人以每天 1 万人的速度抵达西线战场。全体美国远征军的统帅是绰号"黑杰克"的约翰·J. 潘兴将军。

　　潘兴在 9 月 12 日至 15 日取得重要的首捷：他亲自指挥美国第 1 集团军对圣米耶勒德军"突出部"防线的进攻，那里离凡尔登不远。（战前拟定的命令书第一次用"D-day"表示军事行动的开启。）当天大雨倾盆，潘兴麾下的士兵在坦克、火炮和轰炸机的助攻下追击撤退的德军，占领了突出部。左侧这张照片摄于圣米耶勒附近，战斗获胜之后。第 42 师"彩虹师"的通信官——美国上校 R. D. 加里特，头戴英式布罗迪头盔，正测试缴获的德军野战电话。

　　圣米耶勒之后，美国远征军前往阿尔贡，在山峦丛林之间打了一场激烈的消耗战，直至 11 月。在这场战役以及别的战役中，美国士兵经验之不足，被他们以纯粹的数量优势和面对炮火时不顾一切的勇猛所弥补。战后某部爱国主义影片称他们为"潘兴的十字军"。1919 年，潘兴因出色的指挥荣获"特级上将"（General of the Armies）荣誉，这是美国军队中的最高军衔。

百日攻势

赢得第一次世界大战的战斗始于1918年8月8日，人称"百日攻势"。它将德国当年"春季攻势"的所得尽数收回，在兴登堡防线上凿出了缺口，引发了德国各大城市的起义和革命。

攻势的第一场战役是亚眠之战，550辆坦克参战，杀伤极众，坦克多为改进后的马克5型。埃里希·鲁登道夫将军称亚眠之战首日为"德军的厄运日"。战斗结束，3万余名德国士兵投降。

鲁登道夫先前发动大规模战争的后遗症开始显现。他的部队补给不足，兵力大量流失。同时，数百万美军为协约国的进攻提供了有力支持，其中120万投入了默兹-阿尔贡攻势——美国历史上规模最大、伤亡最重的战斗。左页这张死去的德国机枪手的照片由美国通信兵M. S.伦茨中尉拍摄于1918年11月4日，时值那一系列战斗的尾声。

百日攻势的胜利，兴登堡防线的崩溃，再加上西线和国内普遍的士气低迷，德军总参谋部终于意识到他们已不可能取胜。剩下的唯有商议和平。11月9日，德皇逊位。两天后，战争结束了。

停战协定　▶

1918年11月11日，随着停战协定签署，枪声停止。协定签署于皮卡第大区贡比涅附近，福煦元帅的私人列车车厢内。此前德国孤军奋战，其他盟友早于9月29日至11月3日接连求和。停战协定签署于凌晨5点，执行于上午11点，要求战斗立即停止，德国军队从占领的土地上撤回，释放战俘。具体条款留待今后几年的政治会议详细商讨。

在前线，停战的消息让士兵们五味杂陈。有的地方欢呼雀跃，有的地方不过是深深的沉默，因为就在和平前的二十四小时之内，牺牲和负伤的士兵仍然高达1万名。其中就有服役于第5（皇家爱尔兰）枪骑兵团的乔治·爱德华·艾利森。他四十岁，牺牲于1918年11月11日上午9点，是第一次世界大战中最后一名死于战斗的英国军人。

后面这张照片拍摄于停战协定生效一天后，两名英国军官——佩吉特上尉与巴里少尉正在为爱尔兰近卫团第1连的战友朗读协定条款，大家显然都欢欣鼓舞。地点是莫伯日，蒙斯以南不到16千米的地方。他们中有些人是"不足为惧的老兵"*，1914年就随英军参加了惨烈的战斗。

---

* 威廉二世1914年称英国远征军不足为惧（contemptible），后来参加过1914年战斗的英军自称"不足为惧的老兵"（The Old Contemptibles）。——译者注

1919—1929

迷惘的一代

文明和利润携手共进。

——美国当选副总统卡尔文·柯立芝对阿默斯特学院校友的讲话，

1920 年 11 月 27 日

小说家 F. 斯科特·菲茨杰拉德作为少尉入伍，在亚拉巴马州的蒙哥马利服役，等待分配到法国。1918 年夏天，他遇见了未来的妻子。泽尔达是南方富裕家庭的小女儿，可贵的是她对亚拉巴马的传统价值观不以为然。

她跳舞、抽烟、喝酒、浪荡，她活泼的生气一如造就她的时代。她与菲茨杰拉德于 1920 年结婚，1921 年诞下他们唯一的孩子——弗朗西斯（"斯科蒂"）。几年后拍摄了第 156 页这幅圣诞照，此时菲茨杰拉德已经退伍，成为职业小说家以及战后时代的记录者。这个时代有人叫作"咆哮的二十年代"，有人叫作"爵士时代"，这时的年轻人常被称作"迷惘的一代"。他 20 世纪 20 年代的小说有《人间天堂》《美丽与毁灭》《了不起的盖茨比》。今天，他的许多著作被视作美国文学的圣经。泽尔达唯一出版的作品《为我留下华尔兹》以及她的画作，也拥趸日增。

斯科特和泽尔达身处的世界、记录的世界，甚至说创造的世界，都被第一次世界大战的经历深刻塑造。对于富裕的美国人和欧洲人，20 世纪 20 年代是享乐的时代。爵士乐、舞会派对、时髦打扮、装饰艺术调制出一杯得意忘形的"鸡尾酒"，一切皆源于美国高涨的经济发展势头。然而，风光的背后潜伏着隐忧。世界和平了，但并不安宁。在菲茨杰拉德夫妇的微观世界里也是如此。他们酗酒浪形，他们的婚姻充满口角、嫉妒、严重的精神和生理疾病，还有财务问题。战后岁月的辉煌和悲剧，这一对矛盾的主题体现在 20 世纪 20 年代的许多杰出艺术家身上。

许多创造性的灵魂——包括菲茨杰拉德夫妇——在巴黎会聚。有强壮的美国小说家欧内斯特·海明威，有诗人 T. S. 艾略特以及艾兹拉·庞德。小圈子的核心人物是格特鲁德·斯泰因。她是作家、收藏家，巴勃罗·毕加索战前的重要赞助人。是斯泰因创造了"迷惘的一代"这个词来描述这一群体的共性，他们没有目标、失去道德或是其他，他们或冷嘲热讽美国的自信，或精神流浪在厌战的欧洲。

除了庇护艺术家，巴黎还是划时代政治会议的举办地，为西欧的战争善后。1919 年，世界上最有权势的领导人来到巴黎参加和平会议，产出了《凡尔赛和约》。该条约——以及得到战败国同意（或强加于它们）的一系列单独条约——重划了国家间的边界，肢解了帝国，创造了新的国家，为第一次世界大战造成的损失分摊了责任。这项工作绝不简单，执行

1919 年 6 月 28 日
巴黎和会之后，国际代表签署了《凡尔赛和约》，在一战后将和平条款强加于德国。

1920 年 1 月 10 日
国际联盟成立以维护世界和平，但它最大的推动者伍德罗·威尔逊总统却未能说服美国加入。

1920 年 8 月 12—25 日
波兰军队在华沙战役击败来犯的苏俄红军，为波兰独立和版图划定铺平了道路。

1921 年 1 月
在苏俄历时三年的内战中，红军击败了反对革命的、分离主义和民族主义的白军。

1922 年 9 月 9 日
在希土战争（1919—1922 年）中对士麦那的洗劫预示了希腊的失败。新的土耳其共和国诞生，穆斯塔法·凯末尔成为领袖。

得也难称完美，事实很快就会证明这些。

在许多国家中，战争结束后继之以革命和内乱。在德国，威廉二世退位流亡，留下的权力真空最终由一个脆弱的位于魏玛的共和政府填补。这个政府从一开始就被《凡尔赛和约》束缚。和约包含了"战争罪责条款"，规定了难以负担的高额赔偿。1922—1923 年，严苛的条款导致法、德在鲁尔再次爆发军事冲突，德国国内一批右翼分子煽动暴力，其中有位一战老兵，名叫阿道夫·希特勒。

在更远的东方，布尔什维克 1917 年十月革命创建的苏俄政权，在内战中备受考验。内战一方是布尔什维克"红军"，另一方是国内势力与敌国联合的"白军"。内战和随之而来的饥荒促成了"战时共产主义"政策。

与此同时，奥匈帝国分崩离析，匈牙利经历了一系列社会主义革命，与邻国数度交战，最终由《特里亚农条约》（1920 年）促成了和平。此时，战后的安排让 18 世纪末遭瓜分亡国的波兰民族国家死而复生。新生的国家有一位务实的领袖——约瑟夫·毕苏斯基，他是一位抗俄卫国的战争英雄。在波兰，毕苏斯基是集权力于一身的政治强人，这种情况在 20 世纪 20 年代的欧洲将越来越常见，尤其是在贝尼托·墨索里尼身上。他于 1922 年纠集一众法西斯暴徒进军罗马，迈出了成为意大利独裁者的第一步。

当帝国瓦解成为战败国的潮流，战胜国则是另一番光景。英国被迫赋予爱尔兰自治权，导致了爱尔兰本岛的分裂以及残酷的内战。但在非洲和中亚，英、法权势节节攀升，对曾经德意志帝国和奥斯曼帝国的殖民地宣示了管辖权。原住民可并不乐见外国统治者如走马灯一般更替，叙利亚大起义就说明了这一点。在叙利亚南部，欧洲的犹太人开始大量迁移进入英国管辖的巴勒斯坦地区，他们逃离了别处的压迫，也改变了当地的人口构成，为日后的冲突埋下种子。此外，希腊出兵土耳其，双方都展开了残酷的种族仇杀，美丽的城市士麦那（伊兹密尔）被焚，冲突达到顶峰。

当然，不是所有战后的革命都是负面的，作为一战的直接后果，妇女在欧洲许多国家和美国赢得了选举权。不过总的说来，20 世纪20 年代是极端事件频发的年代。在享乐的爵士时代与饥馑的苏俄土地之间，一切皆无定数。菲茨杰拉德《人间天堂》中的人物埃默里·布莱恩说："我不再分辨善恶。"他不是唯一的一个。

德国革命

第一次世界大战停战协定签署两天前，即1918年11月9日，德皇威廉二世退位。他逃往荷兰，留下国内溃败的陆军、哗变的海军、罢工的工人和群情汹汹的德国民众。

同一天，两个社会主义共和国在德国宣布成立：一个是温和的社会民主党政府，另一个是激进的斯巴达克同盟。后者的领袖——律师和反战斗士卡尔·李卜克内西在柏林城市宫（正是左页照片中的这幢建筑）的露台宣布革命开始。事态逐渐明朗，社会民主党联合陆军和右翼民兵"自由军团"组成临时政府，防止德国爆发俄国式的共产主义革命。

这并非易事。在1918年圣诞夜，左翼水兵和陆军爆发了小规模冲突，给城市宫造成的损毁在照片中可见一斑。几周以后，1919年1月，斯巴达克同盟倾其全力发动起义，战斗遍布柏林街巷。在此期间，李卜克内西与战友罗莎·卢森堡被自由军团抓捕和杀害。

月末，秩序大体恢复。代表们回到在魏玛建立的新国会进行选举。社会民主党领袖弗里德里希·艾伯特（Friedrich Ebert）被确立为总统。不过，德国远未平静，战争的伤口还需更长的时间才能愈合。

《凡尔赛和约》 ▶

当德国人在国内奋力建立一个新政府时，这个民族更长远的命运却被战胜国主宰。1919年1月，英、法、美、意四国领导人来到巴黎和会商谈和约，正式结束战争。6月28日，和约已经谈妥，凡尔赛宫镜厅政要云集，见证了和约的签署，正如后面的照片所示。

德国没有获得在凡尔赛进行谈判的资格，因而备受屈辱。德国失去了帝国，阿尔萨斯和洛林回归法国，德国陆军不得驻扎在莱茵河西岸。独立的波兰被剥离出来，包括一条延伸至波罗的海的陆上"走廊"，将东普鲁士与德国本土隔离。国际联盟成立，以协调其他领土争议。德国钢铁和煤炭开采量减半，陆军削减至十万志愿军，海军仅剩象征意义，禁止保留潜艇，不设空军。

最有争议的是"战争罪责条款"。条款明确谴责是德国发动了战争，所以需要赔偿1320亿金马克（6.6亿英镑）的巨额战争赔款。几位聪明人当时便已看出，这个惩罚性条款将招致怨恨和报复。随后，与其他几个同盟国的和约也尽数缔结，但没有一个具有像《凡尔赛和约》那样深远的影响。

妇女投票权

　　1918 年至 1919 年的和平重绘了世界政治版图和许多国家的基本建国原则。它对妇女争取选举权尤其助益良多。在整个西方，无论是前线还是国内，妇女都在战争中发挥了关键作用。现在，她们的贡献不容轻易抹杀。

　　因此，随着战后重建展开，妇女被赋予了新的自由。1918 年在英国，超过三十岁的妇女获得了投票权。1919 年，震荡战败的德国和奥地利的革命，其重要特征就是争取女性选举权。新近复国的波兰，第一次选举就允许妇女投票。

　　在右侧这张照片中，纽约市的妇女和少女正举行"庆典"，庆祝美国通过宪法第十九修正案。这项修正案在 1919 年至 1920 年先由国会通过，后经各州批准后正式生效，为全美妇女赢得了投票权。其中写道："合众国或任何州不得因性别原因否认或剥夺合众国公民的投票权。"

　　庆祝活动恢宏盛大，因为斗争过程千辛万苦，可以追溯到 1840 年代。战争必然带来改变。伍德罗·威尔逊总统在 1917 年将国家带入战争，因为他是在"为了民主，保卫世界安全"。现在是兑现诺言的时候了。

新面孔

从第一次世界大战前线返回的成千上万名老兵，大多遭受了精神和身体的重创。许多人只能自舔伤口，但不是所有人都如此。安娜·科尔曼·拉德是一位杰出女性，她帮老兵们恢复了正常的面容。

拉德是肖像画家和雕塑家，她的丈夫是一名医生，战争末期被红十字会调往法国，她也从马萨诸塞州搬家至巴黎。1918年，她开设工作室，运用自己的技艺制作逼真的面具，为受伤士兵"修复"毁容的面孔。

左侧这张照片反映了拉德精湛的手艺：她小心翼翼地为考德龙先生的面具绘上皮肤的颜色。这是漫长工作的最后阶段，士兵首先要前往工作室为自己的脸筑模。在铸件基础上，拉德和她的团队用镀锌铜做成一副薄面具，接着是上珐琅。最后，拉德发挥她肖像画家的技艺，用尽可能与患者自然肤色相配的颜色为面具着色。她还会按照患者的意愿，增添胡须和其他细节。

面具只有一幅表情，其不足之处显而易见。但是，这项工作使患者重获社会认可，进而改变了他们的人生。

爱尔兰内战

世界大战结束了，爱尔兰却并未平静。自1916年复活节起义以来，这里的民族主义情绪愈发强烈。随着欧洲大陆停火，全岛爆发了暴力冲突。

共和政党新芬党在战后选举中赢得了爱尔兰的多数席位，随后在1919年1月，主张革命的爱尔兰议会（Dáil）宣布了独立。9月，英国政府宣布新芬党和准军事组织爱尔兰共和军（Irish Republican Army，IRA）为非法，一场惨烈的游击战随之爆发。爱尔兰共和军暗杀警察，炸毁了警局和部队营房。作为回应，英国人使用退伍军人补充皇家爱尔兰警察队。退伍军人来自后备军（Auxiliaries）和"黑棕部队"（Black and Tans），后者是爱尔兰皇家警吏团，因制服混合了警察和陆军的特点而得名。

1921年12月，《英爱条约》结束了这场战争并迈出了重要一步，将爱尔兰划分为拥有自治权的爱尔兰自由邦（与加拿大和澳大利亚类似）和北爱尔兰，后者由阿尔斯特省九郡中的六个组成，此六郡仍然是英国的一部分。

然而，暴力仍不能禁绝。1922年夏天，在爱尔兰自由邦，赞成和反对条约的集团之间爆发内战。前页照片中所示为都柏林奥康纳桥附近，这些人是匆忙间招募的、支持条约的自由邦军队的成员。他们在英国人的支持下与爱尔兰共和军血腥交火，战斗持续到1923年5月方才停歇。

约瑟夫·毕苏斯基

到1918年时，波兰已沦为"幽灵国家"123年——18世纪末，俄国、普鲁士和奥地利哈布斯堡王朝将波兰瓜分，主权国家地位随之而亡。不过，在结束战争的和平条约的安排下，波兰重获新生。第一次世界大战后，重建国家的大任就交给了右页照片中的约瑟夫·毕苏斯基。

青年时，毕苏斯基是持不同政见者。1880年代还是医学生时，他涉嫌暗杀沙皇，被捕后流放西伯利亚。到战争爆发时，他是经验丰富的地下活动者，致力于建立一个准军事组织，盼其有朝一日发展为波兰的国民军。他与同盟国结盟，却只与俄国交战，德国盟友对他没有充分的信任，而他也不做此奢望。战争结束时他还在德国人的监狱中。

1918年11月，毕苏斯基被任命为复兴波兰的实权领导人，肩负重建国家的繁重任务。与此同时，他还必须同时与俄国人作战。他辉煌的顶峰也许是1920年8月，在华沙战役中击败了来犯的苏俄军队。不久后他从政坛隐退，但1926年卷土重来，领导了一场军事政变。他重新成为军事强人，对政府发挥了巨大影响，直至1935年去世。

里夫战争

在北非，一场源头早于第一次世界大战的殖民地战争在 1920 年代爆发，西班牙和法国都投入了军队。这场战争集中在摩洛哥北部的里夫山区。20 世纪初，欧洲人和阿拉伯人都未踏足这片土地，它被居住于此的柏柏尔部落积极地守护着。然而 1912 年的《非斯条约》在摩洛哥划分了殖民者的"利益范围"，给予西班牙对里夫理论上的控制权。随后，西班牙对该地区采矿权的主张导致了暴力冲突。1920 年，冲突演变为一场全面战争。

里夫柏柏尔人抵抗运动的领袖是阿布德·克里姆（Abd al-Karim）。他是记者，后来成为游击战士，他将几次尴尬的失败送予实力似乎更强的西班牙军队，包括 1921 年 7 月的"安瓦尔灾难"（Disaster of Annual）。西班牙此役损失数千人。这次令人震惊的失败引发了西班牙国内的骚乱和军事政变。

当克里姆劳师袭远，攻入法属摩洛哥时，里夫战争终将败北。法国派出逾 15 万士兵援助西班牙。1925 年 9 月，西班牙和法国两栖联合登陆胡塞马港，这是战争的转折点。第二年，里夫起义军被剿灭。克里姆被流放印度洋留尼汪岛二十年。同时，里夫战争也是西班牙未来的法西斯独裁者——弗朗西斯科·佛朗哥上校军事生涯的重要阶段，他在 1926 年被提升为准将，以表彰他在平叛作战中的成绩。

俄国饥荒

温斯顿·丘吉尔将发生在波兰边界的冲突描述为"小矮人的战争"（wars of the pygmies）。然而，苏俄在 1919 年至 1922 年的生命损失比第一次世界大战还大。数以百万计的俄国人在战斗中死亡，或被处决，或被谋杀，抑或死于酷刑、屠杀、性暴力和饥饿。

1917 年十月革命后，保守的反革命军队和国际援军被统称为"白军"，他们从各个方向袭击了布尔什维克控制的苏俄西部。同时，曾经的俄罗斯帝国领土上的民族（最出名的是波罗的海沿海地区）试图争取独立。战斗异常激烈，布尔什维克为赢得战争、维持红军供应，实行了"战时共产主义"政策，从农民手中征用了大量谷物和粮食。

由于近期的干旱、粮食歉收、森林砍伐及政策失误，在伏尔加河和乌拉尔河之间的地域发生了骇人的饥荒，其在 1921 年至 1922 年最是严重。左页照片中的饥儿就是此荒年中于萨马拉附近的难民营拍摄的。食物匮乏，粮价飞涨，黑市兴起（尽管政府禁止），食人的报道屡见不鲜。瑞典、美国、英国等地做出援助努力。尽管援助机构尽力施救，仍有数百万人饿死或死于相关疾病。

士麦那之劫　▶

后页照片摄于 1922 年 10 月上旬的普利茅斯码头。照片中的英国公民抛家舍业，逃离了土耳其城市士麦那。他们还算是幸运的，不幸的是在他们离开的那座城市中丧生的成千上万的希腊人和亚美尼亚人。士麦那（伊兹密尔）位于土耳其爱琴海沿岸，是国际化的文明城市，对它的摧残是 1919 年至 1922 年的希腊-土耳其战争中最暴虐的行径。

像其他许多战争一样，这场战争也滋生于第一次世界大战的灰尘。1920 年，《色佛尔条约》肢解了奥斯曼帝国。未经谈判，希腊军队占领了士麦那，并试图征服安纳托利亚的更多土地，以建立一个泛希腊化的"大希腊"（greater Greece）。

然而，拒绝《色佛尔条约》的土耳其民族主义者此时正在武装和组织起来。他们阻挡了希腊军队，将其逼回士麦那。希腊人退回城后，对土耳其穆斯林平民进行了残酷报复。土耳其军队在赶来的路上也大肆屠杀希腊人、亚美尼亚人和其他少数民族。

当土耳其军队 9 月到达士麦那时，希腊人已逃之夭夭。随后这座城市被焚毁，无数人葬身其中。被困在熊熊烈火和茫茫大海之间，许多人选择了水而不是火。成千上万人死亡，成千上万人沦为难民。美国驻士麦那领事乔治·霍顿调查灾难后忏悔道："我羞于为人。"

阿塔图尔克

穆斯塔法·凯末尔·"阿塔图尔克"在1915年加里波利战役中指挥奥斯曼第5军第19师，崭露头角。他随后在高加索和巴勒斯坦作战，1918年11月回到君士坦丁堡（伊斯坦布尔），此时这里已被协约国军队占领。

在希腊-土耳其战争期间，凯末尔领导了土耳其民族运动，在安卡拉宣布成立土耳其政府，谴责《色佛尔条约》。击败希腊后，土耳其共和国于1923年10月29日成立，这是一个由凯末尔担任总统的一党制国家。其后十年，土耳其实行改革，重建为现代的世俗化国家，奥斯曼帝国僵死的最后遗迹随之一扫而光。

这无异于一场文化革命。凯末尔的改革摒弃了苏丹和哈里发的角色，废除了奥斯曼帝国的法律，放弃了伊斯兰教的中心地位，革除了阿拉伯文字，告别了土耳其毡帽和妇女的面纱。取而代之的是西式礼服、拉丁字母、新历法和妇女选举权。所有公民必须使用土耳其语，接受土耳其的命名规定。1934年，凯末尔被正式授予"阿塔图尔克"的称号，意为"土耳其人之父"。

阿塔图尔克婚姻生活复杂，收养了十几个孩子（包括一个名叫萨比哈·格克琴的孤儿，她长大后成为世界上第一位女战斗机飞行员）。他于1938年11月10日去世，享年57岁，土耳其和世界各地都为他哀悼。

进军罗马　▶

1920年代，铁匠的儿子贝尼托·墨索里尼自称意大利的改革者。他是记者，也是宣传家。青年时期他信奉社会主义，但因参加了第一次世界大战而小有名气，被主张中立的意大利社会党开除。战后，墨索里尼成为坚定的民族主义者，帮助建立了"法西斯战斗团"——一个民族主义的联防组织，其观念混合了军国主义、帝国主义、种族主义和反动思想。1921年，他创立了国家法西斯党，作为实现这些理念的政治手段。

战后的意大利充斥着不满。罢工、政治暴力和针对地主的起义一时并起。民众普遍认为，协约国并未在战后和平条约中满足意大利的合理需求。人们心中潜藏着对共产主义革命的害怕。墨索里尼的法西斯运动要想壮大，这样的条件十分有利——尽管如此，他崛起的速度还是让人大吃一惊。

1922年10月27日至28日，墨索里尼召集了约2.5万个法西斯分子向罗马进军，后页照片中可见，一些人穿着他们标志性的"黑衫"制服。（墨索里尼自己则更愿意坐火车。）国王维克托·伊曼纽尔三世害怕发生内乱，立即任命墨索里尼领导联合政府。这是法西斯势力掌权的开端。到1925年时，意大利的政党政治结束，墨索里尼成为独裁者。其后二十年，他主宰着意大利，也激发了许多危险的欧洲政治强人争相效仿。

鲁尔危机

1923 年 1 月，战后协定与德国的第一场重大冲突在鲁尔河谷爆发。鲁尔河谷是德国西部工业重镇，靠近法国和比利时边境，矿产资源丰富，金属加工业密集。

这场危机的根源在于《凡尔赛和约》，它向德国施加了巨额的惩罚性战争赔偿，德国无力负担。大部分赔偿金要支付给法国，因为大部分战争损失发生在法国。1922 年，德国魏玛政府几乎每月都要拖欠这笔巨额战债，交不出所欠金额和原材料（如煤炭和木材）。在法国总理雷蒙德·庞加莱看来，违反《凡尔赛和约》不仅是经济损失，还是对战后世界秩序的威胁。1923 年 1 月，他出动法国士兵占领了鲁尔。前页照片中，进驻后的法国军队正在解除德国警察的武装。

庞加莱占领鲁尔，使法国与英、美两个战时盟友发生了争执。但英美两国无能为力，因为根据《凡尔赛和约》这完全合法。同时在当地，罢工和实行"消极抵抗"的一百多名德国工人被杀。这场危机也加剧了恶性通货膨胀，德国一块面包的价格升到了 2000 亿马克左右。

阿道夫·希特勒

在鲁尔危机之前，德国社会对《凡尔赛和约》的不满就日益加深。这个国家被羞辱了，经济崩溃了，许多人都有德国"被人陷害"的妄想，认为德国并未在第一次世界大战中战败，而是被一群颠覆分子、叛徒、马克思主义者、犹太人和"文化布尔什维克"背叛。恶臭的环境滋长了恶臭的政治。阿道夫·希特勒就是从这样的土壤中生发出来的。

在第一次世界大战期间，希特勒服役于巴伐利亚陆军。停战协定签署后，他开始涉足政治——他加入、重塑，并最终领导了德国民族社会主义工人党（NSDAP，或称 Nazi）。纳粹党的准武装组织"冲锋队"参与了和其他政治派别的街头喋血，城市暴力在魏玛德国横行。

1923 年 11 月 8 日，希特勒与德国前陆军司令埃里希·鲁登道夫还有 2000 名纳粹分子一起，企图在慕尼黑发动政变，以夺取对巴伐利亚州政府的控制权。所谓的"啤酒馆暴动"在混乱中收场，十多个纳粹分子和四名警察丧生。希特勒逃匿后被捕、受审，判处在兰兹贝格监狱坐牢五年。右页这张照片就拍摄于此。

囚窗生涯并不艰苦。希特勒被允许接见许多访客，只服了一小部分刑期，还向狱友们口述了他的自传《我的奋斗》，这其中就有鲁道夫·赫斯。希特勒一出狱就准备卷土重来，继续他那 20 世纪最臭名昭著的政治生涯。

叙利亚大起义

叙利亚被强行交与法国托管，阿拉伯人自治的愿望落空了。这造成了新的紧张局势，1925年爆发为广泛的暴力和军事对抗。

与奥斯曼帝国不同，法国对大叙利亚和黎巴嫩复杂的地方政治一无所知。但法国人不愿垂拱而治，即让各民族和宗教团体在一定程度上自我管辖，而是事事亲力亲为，实施殖民式的统治。没多久，麻烦就来了。

1925年，大马士革以南的德鲁兹人社区在老兵阿特拉什苏丹（Sultan al-Atrash）的领导下首先发难，反抗法国人的统治。阿特拉什表示，法国的统治"扼杀了自由"，"偷走了"叙利亚。起义很快在整个地区蔓延。

其结果就是持续两年的大叙利亚起义。前面这张照片是在拉沙亚战役（1925年11月20—24日）之后拍摄的。在那次战役中，法国外籍军团骑兵驻守的山顶要塞遭到了数量众多的德鲁兹人袭击，围墙内外发生了近身恶斗。最后，法国人在轰炸机和人称"斯帕希"（spahi）的法国北非轻骑兵的援救下才侥幸脱险。

在法国更先进的军事技术和更庞大的军队面前，大叙利亚起义最终失败。阿特拉什逃亡至外约旦。冲突让数以千计的人丢掉性命，民众陷入贫困。法国对叙利亚的托管统治一直持续到第二次世界大战结束之后。

巴勒斯坦

当希特勒初露锋芒，他日后的死敌温斯顿·丘吉尔正在担任英国政府的殖民大臣。右页这张照片摄于1921年3月28日，丘吉尔正在参加植树仪式，庆祝耶路撒冷斯科普斯山的希伯来大学奠基。观众包括耶路撒冷大拉比雅各布·梅尔（中间）。

丘吉尔之所以来到耶路撒冷，盖因1918年之后，奥斯曼帝国的近东地产被1916年英法秘密条约《赛克斯－皮科协定》瓜分和托管。英国的托管地包括巴勒斯坦、外约旦和美索不达米亚，美索不达米亚后改名为伊拉克。

丘吉尔个人对托管之责态度暧昧，担心它们是经济和政治的拖累。该地区的犹太人定居问题也让他大费脑筋。1917年，英国外交大臣发布了所谓的《贝尔福宣言》，似乎许诺要在巴勒斯坦建立一个犹太民族之家。然而与此同时，阿拉伯战士正在为了民族解放而帮助英国人将奥斯曼人赶出巴勒斯坦地区。

丘吉尔种树的希伯来大学只是一个象征，标志着成千上万的犹太人最近正在迁入巴勒斯坦。丘吉尔写道，移民"将对世界有利，对犹太人有利，对大英帝国有利"，他希望也会"对阿拉伯人有利……他们不应因此受害或被排挤"。对此，时间会给出答案。

1930—1936

法西斯的崛起

来吧，千千万万的同志，

我们向未来进发，

我们的方阵勇猛雄壮，

准备挑战，准备挑战。

——意大利法西斯党歌《青年》（La Giovinezza）第一句

1934 年 6 月 14 日上午，一架容克 JU-52 型飞机来到威尼斯上空。德国总理阿道夫·希特勒不想过早着陆，飞行员汉斯·鲍尔依命而行，在上空盘旋了几分钟。在短暂的消遣中，希特勒匆匆一览圣马可广场和城市的其他著名建筑。他从来没有去过这些地方。

在飞机上陪同希特勒的，是他的私人摄影师海因里希·霍夫曼。霍夫曼 1920 年加入纳粹党，忠心耿耿。他被委以重任：捕捉和塑造元首的形象。这项工作让他忙得不可开交，有时在公共场合，有时在特许进入的希特勒私人公馆。希特勒经常与女友爱娃·布劳恩在那里私会，布劳恩之前是霍夫曼工作室的助手。

终于，鲍尔在正午时分准时将飞机降落在威尼斯机场。意大利独裁者贝尼托·墨索里尼伫立迎候来自德国的独裁者伙伴。这是两人第一次见面。墨索里尼身着全套军装，陪同的有随行人员和庞大的新闻媒体。希特勒这次来访或许是有意低调，所以穿着随意。他没有使用纳粹的任何仪仗，从容克飞机中现身时只穿了皱巴巴的便服和棕色大衣。

希特勒向他敬礼。墨索里尼没有回礼，但凑身过去与希特勒握了握手。微妙的力量宣示被媒体捕捉到。霍夫曼拍下了第 190 页这张照片。随后还有更多握手言欢，圣马可广场上举行了欢迎仪式。希特勒在所有的活动中都略显卑微。

到 1934 年 6 月，希特勒出任德国总理已近十八个月。国家已开始照纳粹党的形象改造，但希特勒尚未获得他渴望的绝对权力。第一次世界大战中功勋卓著的将军保罗·冯·兴登堡年迈多病，却仍是大权在握的总统。相比之下，墨索里尼独断专行已近十年，他鼓励并享受民众对他的个人崇拜。因此在威尼斯，墨索里尼是前辈政客，希特勒学习他的策略，希望得到他的提携。德国在军事上被《凡尔赛和约》禁锢，尚不能将士兵驻扎在某些享有主权的土地上。相反，意大利正在建起自己的帝国。

希特勒在意大利待了两天，不久就与东道主有了嫌隙。自第一次世界大战服役后，这还是他第一次走出德国和奥地利。但他对意大利的军事表演不以为然，两人直接进行政治讨论时还因奥地利争执不下。希特勒明确表示，他希望奥地利最终被德意志帝国兼并。墨索里尼则坚持要求奥地利独立，对此意大利要用军队做保证。希特勒的飞行员鲍尔说："两位领导人当初互致问候的热情，几乎一点不剩。"尽管遭遇尴尬，但随着时间流逝，墨索里尼的法西斯意大利和希特勒的纳粹德国，其命运将紧紧交织在一起。

两个哗众取宠的独裁者及其极权主义政党在 1930 年代迅速发展，其部分条件要追溯到 1914 年至 1918 年的战争，以及随之而来的蹩脚和平安排。其他条件则是那个时代所独有的。英法两国筋疲力尽，理所当然地畏战，宁愿遏制和绥靖，也不愿与德国再启战衅。这两个国家中有许多人认为，苏式共产主义革命比法西斯主义更可怕。作为国际仲裁及和平维护者的国际联盟，缺乏道德权威和实力来实践使命。

同时，1929 年华尔街股市崩溃之后，大萧条几乎给每个西方国家的经济都造成了破坏，使得数千万普通选民丧失理智，易受希特勒之类的煽动家民粹的和充满仇恨的言论的影响。允许希特勒在 1933 年 1 月成为总理的德国精英低估了这个人，待如梦方醒，为时已晚。希特勒用民主手段获取了权力，再用不到一个月时间就摧毁了扶他上位的魏玛政体。1933 年 2 月，当柏林的国会大厦火光冲天，希特勒有了乾纲独断的现成借口。希特勒在威尼斯会晤墨索里尼回来后两个星期，又用"长刀之夜"再次证明了他的冷酷无情。是夜，他的老搭档恩斯特·罗姆，连同纳粹党的准军事组织冲锋队的其他领导人一起被处决。

对任何想真正了解法西斯主义动向的人，它的一切在 1930 年代都昭然若揭。希特勒致力于未来在德国实行种族主义和扩张主义，并且开始威胁奥地利领导人。后者于 1934 年也实行了某种法西斯主义，成为十年后与纳粹德国全面"合并"的先兆。同时，墨索里尼正为实现自己的帝国梦而在北非大动兵戈。他的将军首先统治了利比亚，然后征服了海尔·塞拉西皇帝的阿比西尼亚。

与此同时，两个独裁者之间的实力平衡也在发生变化。1934 年 8 月兴登堡去世，希特勒全面掌管德国。一个月后，当年的纽伦堡大会——纳粹的党代表大会——为这场胜利而陶醉。（宣传片《意志的胜利》纪念和庆祝了这次大会，该片导演莱妮·里芬斯塔尔十分迷恋希特勒的领袖气质。）1935 年末，墨索里尼认识到希特勒和德国的力量日益壮大，期待与之在战略上结成更紧密的联盟。他们的伙伴关系将在 20 世纪 30 年代结束前就把世界带入第二次全球性战争。

由始至终，海因里希·霍夫曼一直拍摄着希特勒的生活和会见场景。霍夫曼活过了第二次世界大战，战后因战争牟利锒铛入狱数年，1957 年以自由人身份在巴伐利亚州去世。如今，他拍摄的数千张照片依然完好无损，其中许多存放在美国国家档案馆中——战争结束时盟军缴获了这些照片。

1933 年 10 月 19 日

德国退出国际联盟，而在约八个月前，日本就因抗议国联判其窃取中国东北之举为非法而退出。

1934 年 6 月 30 日—7 月 2 日

在长刀之夜中，希特勒的爪牙杀害了约 200 个纳粹党的异见分子，包括纳粹党的准军事组织——冲锋队的头目恩斯特·罗姆。

1934 年 10 月

在中国的内战中，共产党一方因第五次反"围剿"作战失败而处于不利地位，他们开始了长征，最终在陕北获得了再发展的机会。

1935 年 10 月 3 日

在巩固了对利比亚的控制之后，墨索里尼挥师入侵阿比西尼亚，1936 年完成征服。国联再次暴露其软弱本质。

1936 年 3 月 7 日

已经大幅扩容德国军队的希特勒进一步派军进驻莱茵河以西，两种举动均违反了《凡尔赛和约》。

大萧条

1929年10月末，美国股市大崩盘。在"黑色星期四"（10月24日）和"黑色星期二"（10月29日）之间数日的交易中，美国股票价值暴跌约25%，数十亿美元蒸发无影，引发了史上最严重的全球性金融危机。在纽约，短短几小时，华尔街交易员就全线溃败。随后几周，世界各地经济都陷入了螺旋式衰退——这就是"大萧条"。这场衰退持续十多年，为另一场全面战争创造了条件。

美国衰退得尤为严重，大约四分之一的工人失业，中西部各州灾情尤甚：过度耕种和干旱导致了一系列沙暴，称为"Dust Bowl"（黑色风暴/沙尘暴）。在城市中，失业人员的棚户区随处可见，它们被调侃地命名为"胡佛村"（Hoovervilles），以讽刺1929年3月就职于大萧条最严重时期的赫伯特·胡佛总统。

经济危机的苦难让一些政党得到越来越多人的支持。1930年代，美国共产党党员增加至至少6.5万人。如左侧这张在旧金山拍摄的照片所示，社会活动家抗议农民失地，要求失业救济，呼吁保障工会、劳工和公民权利。听者如云。

富兰克林·德拉诺·罗斯福

　　1932 年 7 月 5 日，富兰克林·德拉诺·罗斯福担任纽约州州长时在办公室留影。他并未在这间办公室工作太久。文件篮中装满了贺电，祝贺他被民主党提名为美国总统候选人。几天前，罗斯福在芝加哥获得提名后就大胆承诺："我向你们保证，向我自己保证，我会为美国人民达成一项新协议。""新政"将成为他的招牌政策，为他在任的每一天都打下烙印。他于 1933 年就任总统，直到 1945 年在第四个任期上去世。

　　罗斯福是一位真正的美国贵族。他是哈佛大学和哥伦比亚法学院的毕业生，也是一位卓有成就、经验丰富的政治家。他身体强壮，在 1920 年代初患上脊髓灰质炎后，他依靠大腿支架、手杖和保护性支撑来站立。残疾并不能阻挡他，他承担起自安德鲁·约翰逊以来美国总统所能面对的最艰巨的任务——约翰逊的挑战是在内战后以及亚伯拉罕·林肯遇刺后担任总统。罗斯福则要让美国摆脱大萧条的破坏。

　　罗斯福的新政是一项振奋人心的非美式计划，涉及大规模的联邦干预和经济刺激。罗斯福改革银行业，救济失业者和贫困者，用公共工程来创造就业。批评者称新政为社会主义、共产主义，甚至还有更具偏见的词，但罗斯福把美国拖出了 1930 年代的泥沼，为美国的政治留下了恒久的遗产。

伪满洲国

第一次世界大战后成立了国际联盟，目的是防止和调停如查科战争这样的冲突。但到1930年代初，它毫无强制力的本质愈发明显。日本入侵中国东北，国联无能为力，其根本性的孱弱暴露无遗。

中国东北让日本垂涎，它自然资源丰富，还可用作抵御苏联攻击的屏障。1931年9月18日，日军出兵，自称是为了报复中国军队炸毁日本在奉天（沈阳）经营的南满铁路。前面这张照片拍摄于一天之后，日军已遍布奉天，很快蔓延到整个东三省。中国在军事上无力抵抗，向国联求援。

这几乎毫无用处。日军仍然留在东北地区，并扶植成立了伪满洲国。中国的废帝溥仪被立为伪满傀儡统治者。1932年10月，国联调查委员会宣布不承认伪满洲国，并要求日本撤军。作为回击，日本退出了国联。没有一个国家试图干预，因此日本仍然窃据了中国东北，即使受到外交孤立，也有恃无恐。虽然当时尚不明显，但第二次世界大战的第一次重大冲突已然启动。

查科战争

大萧条自美国蔓延开来，在拉丁美洲，玻利维亚与巴拉圭爆发了一场激烈的战争。它被称为查科战争，因为双方争夺的是人烟稀少的边境地区——北查科（Chaco Boreal）。

19世纪的战争失败后，玻利维亚和巴拉圭都成了内陆国家。这使得查科地区价值陡增，因为巴拉圭河流经北查科，进而通往大西洋。除此之外，安第斯山山麓还发现了石油，这是一笔诱人的地下财富。

1932年，两国的定期冲突再次爆发，后演变为全面战争。开始时，玻利维亚的爱国预备役蜂拥入伍（就像右页照片中的一样）。但不到一年时间，大规模征兵和一系列败绩让民众士气低落。起初，玻利维亚军队人数更多，受过德国人训练，还有一支空军。但是，查科沼泽和森林却让入伍者（许多是高地美洲印第安人）叫苦不迭。

巴拉圭人逐渐占了上风，1935年，在美国和邻国的压力下两国达成停战协定。巴拉圭获得了查科的大部分地区；1938年，双方在布宜诺斯艾利斯签署了最终条约，确认了玻利维亚人对巴拉圭河的使用权。但到那时，这场战争已用战斗和疾病夺去了10万条性命。

总理希特勒

阿道夫·希特勒曾是一名罪犯。他生于奥地利，1932年2月才获得德国公民身份。然而，在正式成为德国人不到一年，他就被任命为德国总理。这是希特勒和纳粹党的飞速跃升，也是德国历史上最黑暗的一页。

在大萧条的背景下，德国的极端主义政党在投票箱中斩获丰厚。1928年，纳粹分子在德国国会仅占据12席，但到1932年时，他们成为国会中的最大势力，拥有230个席位。纳粹冲锋队无视禁令，与共产党民兵展开街头恶斗，而希特勒和其他纳粹党魁，包括宣传部长约瑟夫·戈培尔则大肆传播纳粹理论，煽惑民心。1932年，希特勒竞选德国总统被保罗·冯·兴登堡击败，但也获得了1300万张选票。纳粹主张的民族和经济复兴，强调的强人统治，把困境归咎于犹太人等替罪羊的理论，都深得"民心"。

至1933年初，连兴登堡本人都对以上言论信以为真。魏玛共和国温和的中间派政党未能组建一个将纳粹拒之门外的联盟，兴登堡最终被政客、商人和军方说服，认为纳粹党可以被"管理"。1月30日，即左页这张照片拍摄前几周，他正式任命希特勒为总理。这样的误判足以致命。

国会纵火案　▶

希特勒就任总理不足一个月的1933年2月28日早晨，柏林警察勘察了国会大厦废墟。头天晚上，国会大楼被人纵火烧毁。年轻的荷兰共产党员马里努斯·范·德·卢贝被捕、受审，以纵火罪上了断头台。此事的主要受益人是希特勒和纳粹党，他们立即将灾难化为自己的利益。

希特勒宣称国会大火是共产党人的阴谋，要求兴登堡特批他应对危机的紧急权力。兴登堡同意了。希特勒逮捕和关押了数千名政治对手。在3月5日的临时选举中，纳粹党宣传和威逼双管齐下，使自己获得了将近50%的选票，以及同其他民族主义党派结盟的足够议席，后来靠此通过了授权法案，希特勒终于有了凭政令施行统治的权力。

希特勒把新权力用到了极致。共产党被禁，宣传部（戈培尔领导）成立后控制了媒体，清除了政府和司法部门中的"不良分子"。到5月时，工会已被纳粹的伞状组织取代。7月时通过的一项法律，则禁止新组政党。同时，天主教会以退出政坛的代价换取了继续开办学校和机构的自由。一党制国家的现实降临，德国的纳粹化将畅行无阻。

意属利比亚

1930 年代没有领导全球的主宰，贝尼托·墨索里尼的意大利军队遂得以在北非推行一项长期的殖民计划。二十年前，意大利在与奥斯曼帝国的战争中攫取了利比亚省，并将其分割为两块领地：意属的黎波里塔尼亚和意属昔兰尼加。

墨索里尼年轻时反对利比亚战争。但时至 1930 年，他已是大权在握的独裁者，做着"第二罗马"的美梦，观念也就随之改变。他命令鲁道福·格拉齐亚尼将军进军北非，扑灭反意起义。起义由塞努西运动领袖、人称"沙漠雄狮"的奥马尔·穆赫塔尔谢赫领导。

格拉齐亚尼执行命令的同时伴有极度的种族偏见。他把昔兰尼加人通通关进了集中营；他发动空袭，建造要塞城池，以阻绝从埃及前来的义军。至少有 40% 的昔兰尼加人口死去，包括 73 岁的奥马尔，他于 1931 年 9 月被捕后死于绞刑。

到 1932 年，所谓的"利比亚平乱"已经完成。昔兰尼加和的黎波里塔尼亚合并为意属利比亚，意大利人被鼓励去那里定居。利比亚人被吸收入法西斯党和意大利军队。左页这张照片中的利比亚男孩学着大人的样子举起胳膊行法西斯礼，他是存心戏谑，还是一本正经，已不得而知。无论如何，在 1930 年代初，法西斯主义显然都来势汹汹。

迫害犹太人

希特勒在絮絮叨叨的回忆录《我的奋斗》中毫不掩饰对犹太人的厌恶，将犹太人形容为蛆虫、毒蛇和寄生虫。这还不仅仅是简单的反犹种族主义，希特勒更幻想了一个困扰整个西方世界的"犹太人问题"。他认为犹太人是社会恶疾，需猛药医治。因此，他阐发并利用了在欧洲有着广泛民众基础，可上溯自中世纪的恶毒反犹倾向，还添油加醋，指出犹太人同时具有资本家的贪婪性和马克思主义者的革命性，以契合 1930 年代的现实。

掌权之后，纳粹将偏执和仇恨输出为政府政策。1933 年，犹太人被开除出德国公务员体系，随后被禁止从事其他公共服务和职业，包括教学和医学。4 月，冲锋队员横行叫嚣于闹市，正式在街头禁止了犹太人的买卖。后页照片中的涂鸦写于当年的商店橱窗之上，意为："德国人！！！不要买犹太人的东西。"但这仅仅只是个开始。1935 年 9 月，《纽伦堡法案》颁布。犹太人被剥夺了德国国籍，犹太人与非犹太人被禁止来往，"违法者"可能会挂牌游街。许多犹太人离开了德国，留下来的被推挤到社会边缘。大规模的屠杀不久就会到来。

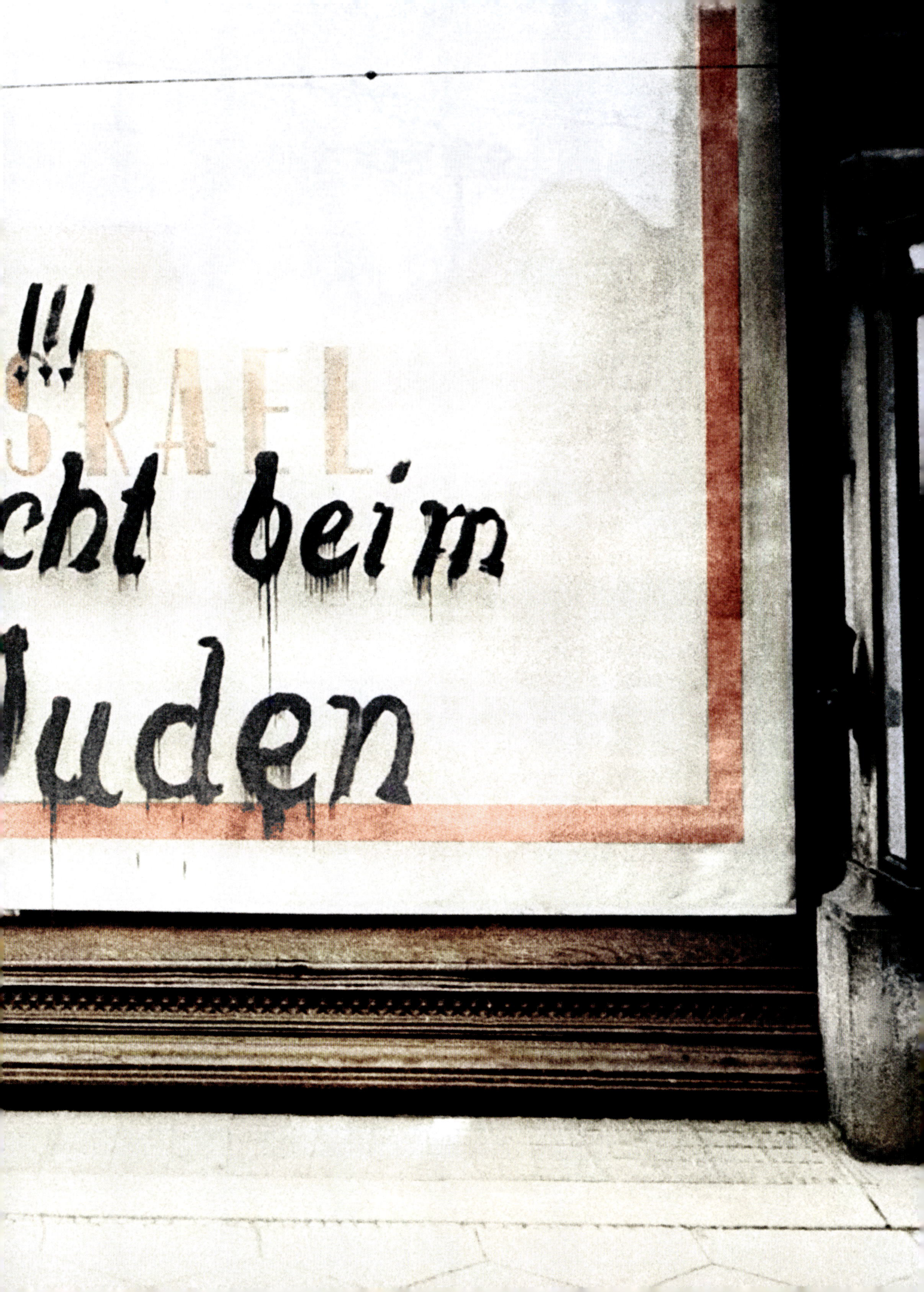
!!!
SRAEL
cht beim
Juden

奥地利法西斯主义

北有纳粹德国，南有墨索里尼意大利，1930年代的奥地利会坚决迈向法西斯主义或许并不出人意料。第一次世界大战后，奥地利与匈牙利割离，其经济又因大萧条而陷入瘫痪。强硬的民族主义统治兴起的条件已经成熟。

1933年3月，身高不满五英尺、生性好斗的奥地利总理恩格尔伯特·陶尔斐斯利用政治危机暂停了议会，实行政令统治。共产党、奥地利纳粹党等政党被取缔，公民自由受到压制。1934年初，陶尔斐斯的独裁统治（某种天主教党团主义，人称奥地利法西斯主义）引发了公开的战争，一方是政府军，另一方是全国各地的左翼准军事组织。左侧这张照片拍摄于2月12日或13日，在维也纳一个名为"哥德霍夫"（Goethehof）的住宅区。最严重的暴力事件在几天后结束，但更多的暴力源源不断。

陶尔斐斯虽为法西斯，却不是纳粹分子，他坚决反对把奥地利与德国合并，指望墨索里尼出面保证奥地利的边界。1934年7月25日，他遭到了报复：一群奥地利纳粹分子闯入他的办公室，杀害了他。陶尔斐斯的继任者是库尔特·许士尼格，他也竭力抵制国家的纳粹化，但最终同样失败了。四年之内，德国就要强行将奥地利并入希特勒的第三帝国。

长刀之夜

纳粹在德国的发迹起自冲锋队的暴力活动，该组织从 1931 年开始由恩斯特·罗姆领导。右侧罗姆的这张照片摄于他的办公室，他身后是一幅 18 世纪的弗兰芒挂毯。罗姆是纳粹党的早期党员，是 1923 年慕尼黑啤酒馆暴动的核心人物，后来远赴玻利维亚军队担任军官。在希特勒的盛情邀请下，他返国接管冲锋队。

在罗姆的领导下，冲锋队的人数和野心不断膨胀：1934 年时，队员已超过 300 万，许多人鼓吹"第二次革命"，公然反对资本主义。罗姆四处奔走，想将冲锋队与德国陆军（Reichswehr）合并，当时后者的规模要小得多。但与此同时，冲锋队对于纳粹的事业来说成了冗余之物：希特勒已是总理，他控制了德国的整套国家机器，包括警察和军队。

1934 年 6 月 30 日至 7 月 2 日，希特勒指令其亲信向冲锋队等各类敌人发起了进攻。规模较小但更加精英化的纳粹准军事组织——党卫军逮捕并杀害了约 200 名冲锋队军官、党内异己和对手，理由是罗姆企图夺权。罗姆拒绝自杀，在牢中遭到枪杀。"长刀之夜"残酷而高效，这是纳粹追求权力不择手段的冷酷例证。

奥斯瓦尔德·莫斯利

法西斯主义不局限于欧洲大陆。1930年代，不列颠法西斯联盟（British Union of Fascists，BUF）的黑衫军在伦敦街头大行粗野的民族主义活动。他们的头目是奥斯瓦尔德·莫斯利爵士（Sir Oswald Mosley）。左侧这张照片摄于1935年，莫斯利为左起第二个。

莫斯利是典型的利益集团当权派。1918年他二十二岁时当选议员。两年后，他娶了外交大臣寇松的女儿辛西娅·寇松小姐。在议会中他口若悬河，从不安分，从保守党、独立党到工党，数易门庭。终于在1931年成立新党，却因此失掉了议员的席位。

1930年代初期，莫斯利到访了墨索里尼统治下的意大利，归国后即重整不列颠法西斯联盟，全员着准军事人员制服，散布反犹言论，煽动民粹主义。他们的集会和游行充满了打斗和暴力抗议，此特征在1936年10月的电缆街战役中表现得特别明显。当时警察联合反法西斯抗议者，同不列颠法西斯联盟的成员展开战斗，地点是伦敦东区，一个犹太人口众多的街区。

电缆街战役之后，一些成员脱离了联盟，公然组建了纳粹民族社会主义者同盟（Nazi National Socialist League），成员包括威廉·乔伊斯。他更为人所知的诨号是"哈哈勋爵"，第二次世界大战期间他以此名在纳粹德国对世界广播。1940年，莫斯利及数百名"第五纵队"嫌疑人被捕，战后他移居巴黎，1980年去世。

纽伦堡大会

　　浮夸的、军事化的、宗教仪式般的集会是纳粹宣传活动的一大特征，其历史可以追溯到 1920 年代。在 1930 年代，纳粹党大会成为他们的年度盛会，充斥着纳粹价值观——"荣誉"、"胜利"、"权力" 和（颇为讽刺的）"自由"。大会几乎总在巴伐利亚州的纽伦堡举行，内容有舞台戏剧、盛大的表演、火炬游行和恢宏的演讲。希特勒的演讲是每次大会的高潮。

　　右侧照片中的与会者是全国性的志愿劳动组织"帝国劳动服务团"（Reicharbeitsdienst，RAD）的成员。（展示的铁铲是他们的标准配备，自行车也是。）劳动服务团的军装和操练既反映了纳粹对制服和纪律的痴迷，也证明了希特勒业已开始规避《凡尔赛和约》的限制。该和约将德国军队的兵力限制为 10 万人，但帝国劳动服务团等训练有素、挥舞铁铲的后备武装人员并不包括在内。

　　从 1933 年起，纽伦堡大会每一次举办都是在庆祝纳粹更进一步地掌控了国家权力。1933 年庆祝的是希特勒被任命为总理；1935 年庆祝的是重新实施义务兵役制（直接违反《凡尔赛和约》条款）；再过一年，则是庆祝德国驻军莱茵兰；1938 年，全党欢庆德国与奥地利"合并"。由此不难看出纳粹党及其控制的国家要往何处进发。

莱妮·里芬斯塔尔

纳粹党大会是其主要的宣传活动，第三帝国一些最有才华的视觉艺术家为后世留下了如此的记忆。海因里希·霍夫曼出版了摄影纪念册，留下了数次大会的盛况；而纳粹庆典最著名的纪录片导演则是电影导演莱妮·里芬斯塔尔。

里芬斯塔尔本是出演德国高山电影（Bergfilme）走红的女演员。希特勒很欣赏她1932年的导演处女作《蓝光》（*The Blue Light*），请她为1933年纳粹纽伦堡大会拍摄短片。她同意了，同时着迷于元首的舞台风度和词锋。里芬斯塔尔拍摄的1934年纽伦堡大会的电影名叫《意志的胜利》。影片以其一流的电影技术享誉德国和世界，即便主题让人兴叹。

左侧这张照片拍摄于1936年7月12日，当时里芬斯塔尔正在制作一部柏林奥运会的纪录片。她身旁是奥运会的总策划卡尔·迪姆（中间正脸者）。最终完成的电影名叫《奥林匹亚》，被公认为史无前例的体育纪录片。它于1938年4月20日，希特勒生日那天首映。

里芬斯塔尔活过了第二次世界大战，一直工作到2003年去世，享年101岁。她一再否认自己是忠心的纳粹分子，不过她终生难逃质疑——包括与希特勒的关系，对大屠杀的了解程度，以及与纳粹党的瓜葛。

阿比西尼亚危机

在希特勒纳粹德国壮大之时，意大利的贝尼托·墨索里尼仍然决心扩大他在非洲的领土。1935年，他和众将官将目光投向了阿比西尼亚王国（埃塞俄比亚）。意大利与阿比西尼亚的冲突可追溯至1890年代，当时意大利军队在阿杜瓦战役中败北，阿比西尼亚逃脱了被征服的命运。1930年代，墨索里尼做好了复仇的准备。

1934年12月上旬，意属索马里兰的殖民军队与阿比西尼亚军队在沃瓦尔绿洲发生了冲突。阿比西尼亚皇帝海尔·塞拉西向国际联盟抱怨，并在接下来的几个月中持续抗议意大利军队在其边境集结。他没有求来任何援助。1935年10月3日，墨索里尼的入侵开始了。意大利军队有约10万人，虽人数远逊对手，但他们有空中支援，有机枪、大炮、芥子气的配备；塞拉西的许多士兵挥舞的是长矛，还有阿杜瓦时代的步枪（如右侧照片所示）。

国际联盟试图对意大利实施迟来的经济制裁，却只是徒劳。墨索里尼无视制裁，还赢得了希特勒的支持，从而退出了国际联盟。此外，他与英法私下签署了协定，以保证不会受到严厉的惩罚。1936年5月，阿比西尼亚首都亚的斯亚贝巴沦陷，海尔·塞拉西逃亡国外。事实证明，国际社会无力或无意干预法西斯的侵略。如今已没有回头路可走了。

1936—1939

黑暗降临

大肆纵火，大肆残杀，作恶者是德国的叛逆号飞机。

——《纽约时报》描述格尔尼卡的轰炸，1937 年 4 月 29 日

1938 年，美国摄影师玛格丽特·伯克-怀特欲往捷克斯洛伐克，中途来到西班牙。她受雇于《生活》杂志，两年前，她的一幅作品刊登于该图画周刊的封面。《生活》注定红极一时，在鼎盛的 1936 年至 1972 年它记载了不少 20 世纪的决定性瞬间，并雇用了一批当代最伟大的摄影师。在伯克-怀特为《生活》服务的那些年，她或许是最杰出的一个。

伯克-怀特来到西班牙时，这个国家正在经历将持续三年的内战。第 222 页这张照片背面潦草的注解暗示了战争造成的破坏："西班牙——安吉丽思·冈萨雷斯——七岁——马德里难民。"与伯克-怀特拍摄的大多数照片一样，这张也经过了精心设计，小心营造出了有关战争本质的情绪。（在其他摆拍的场景中，安吉丽思·冈萨雷斯露出微笑，也没有紧握面包和土豆。）这绝非新闻报道，但也确实反映了某种真实，这也是伯克-怀特以及赶来记录西班牙内战的许多艺术家、活动家感受到的真实。玛莎·盖尔霍恩、欧内斯特·海明威、乔治·奥威尔、艾玛·高德曼、约翰·多斯·帕索斯和 W. H. 奥登都名列其中。西班牙共和军与国民军 1936 年至 1939 年的冲突是一场代理人战争，背后是更广泛的国际斗争，同时也预示着即将到来的人类的深重灾难。

这场战争制造了成千上万的难民，安吉丽思·冈萨雷斯只是其中之一。自 1920 年代末，西班牙工会和共和党人，以及加泰罗尼亚和巴斯克地区的分离主义分子，一直在挑战西班牙的专制派、保皇派和天主教传统。1931 年，西班牙背负了里夫战争（见第 173 页）的国耻，民众不满到了极点。同年，阿方索十三世国王逃至国外，西班牙第二共和国成立。然而，它并不比崩溃的君主制政权更加稳固。1936 年，让人眼花缭乱的各种左右派系再起争斗。7 月 17 日，军事政变——领导者包括西班牙未来的独裁者弗朗西斯科·佛朗哥将军——完全没能达成推翻共和政权的目标，内战于是爆发。

从一开始，西班牙内战就不只是本地冲突。在欧洲政局堪忧的大气候下，内战被视作意识形态的争锋，对抗双方都引来了国际介入。纳粹德国以人称"秃鹰军团"的陆空军援助国民军联盟（其中包括长枪党，或称西班牙法西斯）。贝尼托·墨索里尼也派出飞机和意大利军队。1937 年，国民军在很大程度上主宰了天空，他们从空中实施的暴力震惊了世界。巴斯克小镇格尔尼卡在 4 月 26 日遭到空中轰炸，巴勃罗·毕加索作《格尔尼卡》以志纪念，成为有史以来最著名的反战画作之一。但这种轰炸的例子比比皆是：六个月后，加泰罗尼亚小镇列伊达一所学校被蓄意轰炸，数十名学童因此丧生。

1936 年 7 月 17 日

持异议的军人，包括弗朗西斯科·佛朗哥，发动了对西班牙左翼共和政府的叛乱，经过三年内战右翼最终胜出，许多国家插手其中。

1936 年 11 月 25 日

德国与日本签署《反共产国际协定》，联手反共，其后意大利（1937 年）、匈牙利（1939 年）和西班牙（1939 年）相继加入。

1937 年 4 月 26 日

协助西班牙叛军的德国和意大利的飞机轰炸、扫射了巴斯克小镇格尔尼卡，蓄意攻击平民的行为大遭挞伐。

1937 年 7 月 7 日

被称作"卢沟桥事变"（七七事变）的冲突迅速升级为全面的中日战争，中国开始全民族抗战。此后，上海和南京均遭日军荼毒。

1938 年 3 月 12 日

德国军队进入奥地利，宣布"德奥合并"。奥地利被纳入德意志帝国，许多奥地利人乐见其成。

另一方的西班牙共和派联盟，则得到了苏联、法国、墨西哥以及"国际纵队"或明或暗的支持；国际纵队是一群从英国、美国等地志愿加入战斗的人。1936 年 12 月至 1937 年夏天，奥威尔正在西班牙，他在回忆录《向加泰罗尼亚致敬》中描述了他的经历。他写道："如果你问我为什么加入民兵，我应该回答：'与法西斯作战。'如果你问我在争取什么，我应该回答：'共同的尊严。'"但共同的尊严势不可得。伯克-怀特途经西班牙时，奥威尔被迫离开，回到英国；当她赶赴中欧时，以文明结束战争的希望正在迅速破灭。1939 年 3 月 28 日，西班牙的首都，也是小安吉丽思·冈萨雷斯的故乡——马德里落入国民军之手。佛朗哥四天后宣布在内战中胜出。50 万西班牙人死亡，还有许多人将遭到有争议的处决。

1930 年代末，法西斯主义和军国主义在西班牙之外也高歌猛进。1937 年 7 月 7 日，日军开始全面侵华。此后，日军先后洗劫了上海和南京，犯下滔天罪行。1939 年 4 月，墨索里尼的军队征服了阿尔巴尼亚。同月，西班牙步德国、意大利和日本之后，正式加入世界极右政权同盟——《反共产国际协定》。一触即发的第二次世界大战中的轴心国阵营已然成形。

或许是上天注定，是希特勒将联盟分化推至了全面战争。整个 1930 年代末期，他的野心不断膨胀。国内，德国的纳粹化愈演愈烈。越来越多旨在压迫德国犹太人的法律出台，后者的生活愈发困苦，无奈之下搬离德国。特别是在被称为"水晶之夜"的反犹太人暴力活动后的几个月，成千上万人远走他乡。（其中包括一部分儿童，他们在英国人道主义计划"儿童撤离"的安排下迁往英国。）许多没有离开的犹太人被送往帝国新建的集中营，与政治犯、同性恋还有其他所谓的反社会分子关在一起，后者包括酗酒者、妓女和流浪汉。

放眼寰宇，希特勒现在有了足够的信心去实现他梦寐以求的帝国扩张。1938 年 3 月，纳粹强行实施了"德奥合并"（Anschluss），剪灭了奥地利法西斯主义（见第 211 页），将奥地利纳入第三帝国。此后，希特勒瞄准了捷克斯洛伐克：他首次——但不是最后一次——威逼英国首相内维尔·张伯伦，让他接受自己取得苏台德地区，可旋即于 1939 年 3 月侵入了该国余下地区。同年 8 月，希特勒的外交部长约阿希姆·冯·里宾特洛甫与苏联谈成了《苏德互不侵犯条约》。9 月 1 日，纳粹入侵波兰。9 月 3 日，英、法对德宣战，第二次世界大战全面爆发。玛格丽特·伯克-怀特以及更多《生活》杂志的摄影师将实地报道发生的一切。

1938 年 9 月 29 日

英国首相内维尔·张伯伦，连同墨索里尼和法国总理爱德华·达拉第绥靖希特勒，默许德国吞并捷克斯洛伐克苏台德地区。

1938 年 11 月 9—10 日

一场反犹暴力活动突然爆发，席卷了德国的犹太礼拜堂、企业和商铺，因满地的碎玻璃而得名"水晶之夜"。

1938 年 12 月 2 日

通过人道主义的"儿童撤离"行动，200 名第一批从德国疏散的犹太儿童抵达英国哈里奇港。

1939 年 3 月 15 日

德军占领波希米亚和摩拉维亚，灭亡了独立的捷克斯洛伐克国家；英法默不作声，但均对岌岌可危的波兰做了安全保证。

1939 年 9 月 1 日

德国对波兰发动"闪电战"，声称是对波兰侵略的反击。两天后，英法对德宣战，第二次世界大战爆发。美国宣布中立。

列伊达

　　1937 年 11 月 2 日，秃鹰军团的轰炸机（西班牙内战中纳粹德国提供给国民军的空军）轰炸了萨拉戈萨和巴塞罗那之间的加泰罗尼亚小镇列伊达。数百人丧生，包括在埃斯科拉高中（Liceu Escolar）上课的 48 名儿童及其老师。

　　右侧这张照片拍摄于列伊达轰炸之后，在祸及 1936 年至 1939 年的内战期间，这一悲伤的场面在西班牙一再上演。战争伊始，希特勒往该地派驻了数千德国陆空官兵，以及运输机、战斗机和轰炸机。德军赴西班牙有两个目的：其一，分散国际注意力，使其不再关注德国对中欧的图谋；其二，小试牛刀，测试军事硬件在随后的欧洲大战中是否堪用。由此可见，列伊达的平民不过是其眼中的附带损害。

　　列伊达是可怕的悲剧，但这并不是秃鹰军团在西班牙内战期间的唯一暴行。早在 1937 年 4 月 26 日，德国和意大利的轰炸机就将巴斯克小镇格尔尼卡夷为平地。为配合佛朗哥将军夺取毕尔巴鄂，高爆弹和燃烧弹摧毁了格尔尼卡镇中心八成的建筑，战斗机被用来扫射平民。这场屠杀被巴勃罗·毕加索的油画《格尔尼卡》永久地记录下来。

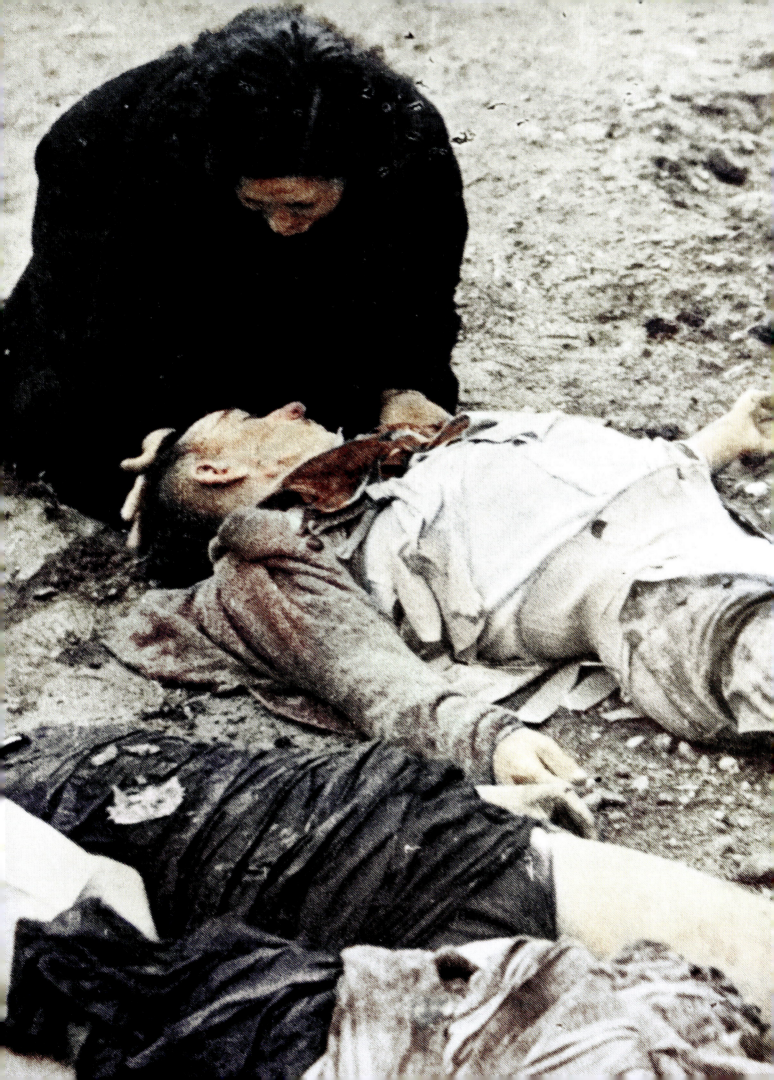

淞沪会战

在遥望西班牙的世界另一端，日本在 1937 年 7 月开始大举侵华，中国的全面抗战爆发了。日本在 1930 年代初占领了中国东北（见第 200 页），并扶植建立了傀儡政权伪满洲国。随后，日本军队不断推进侵略步伐，特别是在华北地区。

1937 年 7 月 7 日，在北京郊外的宛平城，日军对中国军队发动进攻，脆弱的休战状态猝然告终，这就是"卢沟桥事变"（七七事变）。尽管双方都试图达成停火协议，但五周之内，日本的陆海军仍然大规模入侵中国，抵达了沿海城市上海。

骄横的日本指挥官认为征服上海只需三天。事实上，战斗持续了三个月，吸引了大约 100 万兵力。日军以步兵、两栖登陆、火炮、舰炮和空袭发动进攻。左侧这张照片拍摄于 8 月 22 日，日军将一辆缴获的坦克拖回。

在中国军民激烈的且常常是穿户入巷的殊死抵抗之后，上海还是在 11 月底沦陷了。日本人立即进军中国当时的首都南京。他们速度奇快，国民政府不得不在侵略者到来之前迁都重庆。日本人何等凶残：屠杀、强奸和抢劫在南京持续六周，日军犯下滔天罪行，后世称"南京大屠杀"。

希特勒青年团

当西班牙和中国战火四起时，希特勒的信心亦日益高涨。他享受着最高领导人的奢华和舒适。左侧这张照片拍摄于希特勒在上萨尔斯堡的私人度假屋贝格霍夫——这是一座豪华小屋，位于巴伐利亚州的阿尔卑斯山中。希特勒1933年购买了这座木屋，1935年大兴土木，整饬一新。

贝格霍夫不仅仅是一处休闲场所。纳粹高层、商人、将军、外国领导人、皇室成员、艺术家、音乐家往来如织。照片中的访客是希特勒青年团（Hitlerjugend）团员，即纳粹化的童子军。青年团向十岁至十八岁的年轻人灌输纳粹主义信条和元首崇拜，对他们进行各种准军事技能的训练，侧重身体锻炼和基础军训。

德国年轻人接受的纳粹正统教化手段，希特勒青年团只是其中之一。教化运动与学校教育相伴，强调纳粹主义的历史观、种族纯化观和体育观。对于才华横溢的学生，甚至还预备了一系列层级的"阿道夫·希特勒学校"。同时，德国少女联盟则培养女孩进入传统的、纳粹意识形态所提倡的持家育儿的角色。对年轻人洗脑很重要，因为它有效：1945年，希特勒青年团的成员是帝国的最后一批"捍卫者"。

《反共产国际协定》

1937 年 11 月 25 日，纳粹德国最显要的几位人物造访了日本驻柏林大使馆，庆祝订盟一周年，也即《反共产国际协定》签署一周年。三周前，墨索里尼统治下的意大利加入了该协定。弗朗西斯科·佛朗哥将于 1939 年把西班牙带入其中，到 1941 年前这个阵营还会陆续扩大。

《反共产国际协定》成员共同反对共产主义的全球传播，而苏联正是利用共产国际这一组织来传播共产主义的。这几个成员国有着一致的意识形态、极权的政府、扩张的外交政策，以及普遍的对国际联盟的蔑视。该联盟公然反对民主，无视国际法。美国驻日大使约瑟夫·格鲁将此联盟描述为"决心颠覆现状"。

在右侧这张于当晚拍摄的照片中，一些纳粹高层人物入镜。日本大使武者小路公共（前景左侧）身旁的正是阿道夫·希特勒本人。在照片右边，穿着绸缎条纹裤作亲切接见状的浮夸胖子，是染有毒瘾的德国空军司令、希特勒事实上的副手赫尔曼·戈林。最左边是阿尔弗雷德·罗森堡，他是痴迷政治的种族主义理论家，炮制了纳粹意识形态的主要部分，极有权威。罗森堡代言了对犹太人的迫害，恼恨"堕落的"现代艺术和文化，鄙视传统基督教，主张德国尽快从邻国及东欧国家手中扩展"生存空间"。罗森堡主编了纳粹官方报纸《人民观察家报》。战后他在纽伦堡受审，于 1946 年被处以绞刑。

"德奥合并"

扩大德意志帝国的边界是 1930 年代纳粹的外交主题，尤其涉及"日耳曼民族"重返家园的议题，就更是其外交重点。这项公然挑战《凡尔赛和约》的政策被称为"回归帝国"（Heim ins Reich）。1938 年 3 月，这项政策达到了巅峰，德国士兵大批涌入奥地利，强行实施了"德奥合并"：两国实行政治联盟，而德国是主导的一方。

恩格尔伯特·陶尔斐斯以及后来的库尔特·许士尼格领导的"奥地利法西斯主义"一直强调奥地利的独立性。然而，舆论动摇了。随着纳粹（奥地利出生的希特勒领导了他们）重新武装德国，减少失业，上马公共工程，准备一雪 1919 年前耻之时，奥地利相当一部分人开始赞成"德奥合并"。

1937 年，希特勒和戈林决定夺取奥地利，这有利于德国持续壮大和重新武装。1938 年 2 月，希特勒传召许士尼格，下达了最后通牒：将权力交给奥地利纳粹党，否则将面临吞并。许士尼格最初同意，但回到奥地利后又要求全民公投。希特勒耐心耗尽。1938 年 3 月 12 日，许士尼格计划投票的前一天，德国士兵开赴奥地利。民众夹道欢迎，向他们行纳粹礼。一年后政府举行了新公投，宣布超过 99% 的奥地利选民支持"合并"。

绥靖

"德奥合并"之前，希特勒将德国军队开进本是非军事区的莱茵兰，撕毁了《凡尔赛和约》。欧洲领导人无一人意图阻止，或无力阻止。受此鼓舞，希特勒继吞并奥地利之后宣布将接管捷克斯洛伐克一个德裔人口占大部分的地区——苏台德地区。希特勒威胁称，如果有人抵抗，他将诉诸战争。这给欧洲大国制造了一场全面危机，对付希特勒的任务实际落在了左侧照片中伦敦唐宁街上的这个人——英国首相内维尔·张伯伦的身上。

1938 年 9 月 29 日，张伯伦在慕尼黑会见了希特勒，与会的还有墨索里尼和法国总理爱德华·达拉第。这些领导人一致认为，德国可以吞并苏台德。希特勒承诺这将是他最后的领土要求。张伯伦返回英国，称自己达成了"本时代的和平"。其后两周，苏台德被纳粹德国吞并。

张伯伦一度成了英雄，应邀来到白金汉宫露台，享受人们一遍一遍地对他唱"因为他是一个快乐的同伴"（For He's a Jolly Good Fellow）。然而，不是所有人都这么认为。私下里，希特勒觉得张伯伦不值一提：一个"傻老头"、一只"小爬虫"。在温斯顿·丘吉尔看来，张伯伦在慕尼黑达成的协定是"彻头彻尾的失败"。要不了多久，他的观点就会得到证明。

捷克斯洛伐克沦陷

1938 年 10 月初，德军进驻苏台德地区，将其纳入第三帝国版图。德军受到苏台德德裔民众的欢迎，前面这张照片摄于 10 月 3 日，民众伸直手臂行纳粹礼。大众对新政权的热情显然由 12 月的选举得到了证实，纳粹党获得了压倒性多数票。同时，大批捷克难民和一些不满的德国人撤到捷克斯洛伐克仅存的地区。

在慕尼黑，希特勒称苏台德为"我在欧洲最后的领土要求"。事实上，他一直在为武力征服整个捷克斯洛伐克做准备，何曾料到英法如此轻易就达成了协定。从这个意义上说，《慕尼黑协定》从一开始就令人失望。

尽管做好了准备，但希特勒无须久等，捷克斯洛伐克仅存的部分就自行崩溃了。《慕尼黑协定》除了规定捷克斯洛伐克对纳粹德国的割让，还允许波兰吞并被称为扎沃热（Zaolzie）的领土，匈牙利也获得了斯洛伐克的一部分。1939 年 3 月，斯洛伐克的剩余地区脱离捷克，成为纳粹的傀儡国；纳粹国防军迅速进入捷克的波希米亚和摩拉维亚心脏地带，然后宣布捷克寸土不剩。希特勒来到布拉格城堡，称捷克成为德国保护国。纳粹化迅速推行，内容并不出人意料——迫害犹太人、取消新闻自由、建立警察国家。慕尼黑会议失败了，捷克斯洛伐克几乎一声未吭，随即沦陷。

水晶之夜

维也纳是阿道夫·希特勒滋生对犹太人之仇恨的地方，也是大多数奥地利犹太人的故乡。长期以来，这里一直是犹太知识界和艺术文化的中心，是西格蒙德·弗洛伊德、古斯塔夫·马勒和剧作家阿图尔·施尼茨勒的城市。但在 1930 年代后期，"德奥合并"召唤出了古老而丑陋的反犹主义。奥地利犹太人被禁止在"德奥合并"的公民投票中投票，不久，德国反犹太立法的全部内容都被引入奥地利。在右页这张摄于 1938 年的照片中，纳粹官员（也许就是学校老师）以种族偏见诱导一群男孩，并指导其中一人在已经关闭的一处房产上涂鸦"Jud"（犹太人）一词。

1938 年 11 月 9 日至 10 日，纳粹帝国深得民意的反犹势力突然发难，对犹太人及其财产、商店、学校和教堂实施了一夜的暴力袭击。纳粹宣称这些袭击出自爱国群众的"义愤"，因为 11 月 9 日一名德国外交官在巴黎遭到了一名犹太人的行刺。然而，事件真相是这是一次无差别屠杀，受到了纳粹高官，特别是约瑟夫·戈培尔的鼓动，得到了党卫军和包括盖世太保在内的警察机构的教唆。几十名犹太人被杀。这次暴力狂欢被称为"水晶之夜"，也即"碎玻璃之夜"，指的是在纳粹领土上满目皆是破碎的店面和橱窗。在维也纳，几乎所有的犹太教堂都被纵火焚烧。

集中营

纳粹建立的第一个集中营是达豪集中营，时间是 1933 年希特勒刚上台时，最初用于收监政治犯。随后几年，在德国以及纳粹占领的土地上建立了更多的集中营。其中就有距柏林约 37 千米的萨克森豪森集中营，它于 1936 年开始运营，前面照片中的囚犯即拍摄于此。

建造萨克森豪森有特殊目的。它有营房和行刑场，旨在把几万名囚犯关押在恶劣的环境之中。有人被迫工作，有人遭受酷刑、接受残酷的医学实验，还有人因看守和指挥官心血来潮而被杀。（从 1940 年代初起，萨克森豪森就专门建造了行刑区域，称为"Z 站"。）主入口的铸铁大门上装饰着臭名昭著的一句话："劳动带来自由"（Arbeit Macht Frei）。这句口号极具讽刺意味，因为许多德国大型工业公司都压榨过这些囚犯的免费劳力。

萨克森豪森关押的囚犯类型以彩色臂章区分。红色臂章是政治犯。前面照片中所示两个囚犯的粉色三角表示同性恋。黄色星星代表犹太囚犯。"水晶之夜"后，帝国境内成千上万的犹太人被围捕并送往集中营，遭到虐待、劳役、饿死和杀害。第二次世界大战期间，"最终解决方案"将对死亡营中的犹太人进行系统化的大规模屠杀。

儿童撤离行动

"水晶之夜"后，纳粹对帝国中的犹太人的意图昭然若揭。仅在 1938 年至 1939 年，就有大约 10 万名犹太人离开德国和奥地利，寻求他乡的庇护和生存。（到 1939 年底，犹太移民总数约为 34 万。）然而，要找到新家绝非易事。尽管美国总统罗斯福领导的国际力量不遗余力地救助，但欧洲和其他地方的许多国家仍不愿接收大量难民。不止德国排犹。

然而，凡事皆有例外，儿童撤离行动就是一例。该行动计划在 1938 年 12 月至 1939 年 9 月期间，在英国重新安置了 1 万名无人陪伴的不足 17 岁的犹太少年儿童。通过此行动来到英国的其中一名儿童叫马克斯·昂格尔（Max Unger），右页就是他佩戴名牌和编号的照片。昂格尔和其他 200 名儿童于 1938 年 12 月 2 日抵达哈里奇港，许多人来自一家在"水晶之夜"遭到攻击的柏林孤儿院。德国当局允许他们在离开时带一只手提箱，少量现金，但不许有贵重物品。这张照片是在埃塞克斯的多佛考特湾营地（Dovercourt Bay Camp）拍摄的，此地是一个伤员运输站，由巴特林的度假木屋改建而成。儿童由这里被送至亲戚家和寄养家庭，或者旅馆和营地生活。根据 1939 年 1 月在多佛考特进行的一项调查，那里的孩子"看起来非常高兴，虽然他们经历了很多"。

大起义

1930 年代，大约 6 万名逃离纳粹政权的德国犹太人来到犹太人口正在不断增长的巴勒斯坦。犹太人在近东地区的定居权是英国托管该地的附加条件之一。

第一次世界大战后，随着奥斯曼帝国的瓦解，英国获得了巴勒斯坦的"托管权"。但英国人很快发现，他们不得不处理两个水火不容的要求。一方面，第一次世界大战期间曾帮助英军抗击奥斯曼帝国的阿拉伯民族主义者期望英国支持他们的权利；另一方面，犹太移民以为英国人会兑现 1917 年的《贝尔福宣言》，保证给犹太人一个"民族家园"。没人知道该如何满足这些相互矛盾的主张。到 1930 年代末时，其结果就是阿拉伯人的大起义。

1936 年 4 月，大起义由阿拉伯人大罢工开始。十八个月后，英国官方报告提议分割巴勒斯坦地区，抗议活动随之演变为武装起义。英国实施了准军事戒严。对于袭击官员、破坏基础设施的阿拉伯人，军警进行了残酷镇压。镇压中犹太人出力甚多，其中就有犹太复国主义准军事组织"哈加纳"（Haganah）。左侧这张照片拍摄于 1938 年 12 月 13 日的巴勒斯坦北部，一名疑似起义军战士的人被犹太警察捕获。这场起义到 1939 年才结束，造成至少 5000 名阿拉伯人、400 名犹太人和 150 名英国人丧生。

美国纳粹

1939 年 2 月 20 日，约 2 万名美国纳粹分子在纽约市麦迪逊广场花园举行了一场"亲美集会"。在宣扬法西斯主义的节日里，纳粹旗帜和星条旗并排出现。傍晚，发言人对"罗森菲尔德"总统*厉声咒骂，高喊"希特勒万岁"，讨伐犹太人和民主制度。这天临近乔治·华盛顿诞辰（1732 年 2 月 22 日）纪念日，集会组织者遂在主舞台后竖起第一任总统（他们称为"第一位法西斯"）的巨幅肖像，两侧饰以纳粹徽志。一名贴海报的人说，这才"昭示了真正的美国主义"。

这次集会是由德裔美国人同盟（German American Bund）组织的。该组织企图招募有德国血统的美国人为希特勒政权摇唇鼓舌。尽管该组织从来没有超过 2.5 万名成员，并且希特勒政权已基本否认与其有任何瓜葛，但它仍不失为大西洋彼岸潜在的纳粹分子据点。同盟领导人是个德语口音浓重的第一代移民，名叫弗里茨·库恩，他以同盟元首身份自居，直到 1939 年 12 月因挪用公款罪入狱，最终被驱逐出境。它有一个仿照冲锋队建立的组织 [称为"服务团"（Order Service）] 和一个类似希特勒青年团的外围组织。不过，它从来没有得到大众的广泛支持。亲美集会令公众反感，随着第二次世界大战爆发，德裔美国人同盟会员人数迅速下降。

---

* 即富兰克林·D. 罗斯福总统。——编者注

征服阿尔巴尼亚 ▶

在纳粹德国将边界扩张至中欧的同时，墨索里尼向阿尔巴尼亚派出了军队。对于梦想重建古代罗马帝国的意大利帝国主义者来说，阿尔巴尼亚一直是他们的猎物。1939 年 4 月，意大利军队迅速占领了该国，这是欧洲战后秩序已近崩塌的另一直白信号。

自 1922 年以来，阿尔巴尼亚由艾哈迈德·索古统治，他一番钻营后从总理摇身变为索古一世国王。阿尔巴尼亚人是值得骄傲的民族，但也是个贫穷的民族，它的国家极不发达，贸易、财政、军事技术和国防都依赖意大利支持。因此可以说，在墨索里尼决定入侵之前，它就已经是一个傀儡国了。意大利独裁者不辞辛苦地征服阿尔巴尼亚，完全是出于独裁者的虚荣——希特勒向奥地利和捷克斯洛伐克派出了军队，墨索里尼也不甘人后。

侵略始于 4 月 7 日上午。中午，索古国王带着妻子、襁褓中的儿子和一大批金块逃入希腊境内。第二天，阿尔巴尼亚政府就投降了。当月中旬，维克多·伊曼纽尔三世国王正式接受了索古空置的王冠，阿尔巴尼亚完全沦为意大利的保护国。

后面这张照片摄于 1939 年 11 月的罗马，其中透露出一些新情况。意大利军官正祭出一面阿尔巴尼亚团的黑旗，标志性的双头鹰上加绣了维克多·伊曼纽尔的萨伏伊王冠。

《苏德互不侵犯条约》

　　1939 年 8 月 23 日，纳粹德国和苏联的代表签署了互不侵犯条约。自 1924 年列宁去世后担任苏联领导人的约瑟夫·斯大林在镜头前粲然一笑。在他身旁，苏联外交人民委员维亚切斯拉夫·莫洛托夫（最右者）与德国外交部长约阿希姆·冯·里宾特洛甫（抱臂者），面对这份由两个意识形态死敌达成的史上最虚伪的条约，露出满意的微笑。随后，他们打开了香槟。

　　希特勒恨共产党，《反共产国际协定》已经明确传递了这一点；斯大林恨法西斯，视他们为苏联安全的大敌。西班牙内战正是苏德之间的代理人战争。然而现在，在这项又名《莫洛托夫–里宾特洛甫条约》的文件中，双方为了各自国家的利益，都收起了对对方的蔑视。

　　条约承诺军事中立，并为缔结两国的贸易关系奠定了基础，两国因此可以获得对方大量的原材料和武器装备。莫洛托夫还与里宾特洛甫秘密规划了对波兰和波罗的海周边国家——芬兰、爱沙尼亚、拉脱维亚和立陶宛——的瓜分。

　　纳粹德国与苏联的条约震惊了世界。英法两国政治家终于明白，谁也阻拦不了希特勒对东方的野心。他们年初曾承诺保护波兰免受纳粹侵略，此时，诺言如何履行变得难以想象。8 月 24 日，英国工党副领袖阿瑟·格林伍德在下议院说："战云正在积聚。"

入侵波兰

签署《苏德互不侵犯条约》后一周又一天，即1939年9月1日，纳粹德国入侵波兰。黎明时分，一艘德国战列舰重击了但泽（格但斯克）自由市。上午，纳粹国防军从三个方向杀入波兰。

希特勒要求他的将领在六周内征服波兰。他们的战术被称作"闪电战"：用轰炸机、坦克、步兵和炮击发起猛烈的攻击。打击速度令人惊愕。形势在9月17日雪上加霜：根据《苏德互不侵犯条约》的秘密条款，苏联军队在东边也发动了攻势。9月底，波兰被彻底占领。

左侧这张照片摄于纳粹入侵首日。其视角是从德国的大型轰炸机亨克尔3型的内部向外观察。德国飞行员趴在轰炸机机鼻处的狭窄平台上，地面的全貌尽收眼底。他就在此处操作机枪，并为轰炸瞄准目标。

希特勒非常清楚，英法为保护波兰一定会出手干预。9月3日，两国果然对德宣战。这时要拯救波兰人民于已经加诸其身的恐怖，委实太晚，但这多少标志了大国冲突劫数的开始，或许在1933年希特勒上台时，此劫就已注定。第二次世界大战全面爆发。

1939—1940

战争风暴

我们将在海滩上战斗，

我们将在着陆点战斗，

我们将在田野和街头战斗……

我们永不投降。

——温斯顿·丘吉尔对下议院的讲话，1940 年 6 月 4 日

1940年5月下旬，大约40万人的部队——主要是英国人和法国人——败退至法国西北部敦刻尔克港口的长滩，即将到来的噩运萦绕在他们心头。前方，头顶，四面八方，纳粹的战争机器正在迫近，身后是英吉利海峡寒冷彻骨的海水。似乎敦刻尔克的大部分士兵已无法逃脱死亡和被俘的命运。仅就职两周的英国首相温斯顿·丘吉尔被告知，预计能获救的受困英国远征军仅有10%。他，以及他们，需要一个奇迹。

千难万险，他们还是得到了。

在一个多星期的时间里——1940年5月26日晚至6月4日，一支匆忙组建的皇家海军舰队，在大量商船和私船（统称为"小船"）的协助下，百舸争渡，横越海峡，前去营救被困在敦刻尔克的英法士兵，这就是后人所熟知的"发电机行动"。这次行动由海军中将伯特兰·拉姆齐在英格兰南岸的多佛城堡计划和部署，是丘吉尔说服了这位一战老兵延迟退休，再一次为国尽忠。

海滩上的士兵以及来援的船只头顶德国空军的枪林弹雨，英国皇家空军的飞行员英勇出击，驱散他们，以保证救援行动展开。敦刻尔克镇上战斗激烈。天气阴寒。等待救援的日子漫长、喧闹、潮湿、紧张、残酷，一些人濒于疯狂，另一些人则已经疯狂。不过，"发电机行动"结束时，有338226名英、法和比利时士兵得救。让人难以置信。

"发电机行动"的最后一天，丘吉尔向下议院发表了他最著名的演讲之一。他向国家和世界报告了发生的一切："我不幸的命运让我要宣布我国悠久历史上最大的军事灾难。"丘吉尔接着说，敦刻尔克确实代表了一场灾难，生命和物资损失惨重。不过，首相说，从灾难中他看到了希望。这次惨淡的撤退让他相信英国必将"安然渡过风暴，摆脱专制威胁，即便长达数年，即便孤身一人，如果必要的话"。

他说："我们将在海滩上战斗，我们将在着陆点战斗，我们将在田野和街头战斗，我们将在山林战斗，我们永不投降。"

敦刻尔克大撤退并非1940年初夏唯一的营救行动。"发电机行动"之前，皇家海军舰队还纾解了布伦之围；6月中旬的"自行车行动"（Operation Cycle）从勒阿弗尔撤离了1万多人；还有"空中行动"（Operation Aerial），帮助英法联军从北至瑟堡、南及巴约讷的法国港口撤离。第256页这张照片中扶住跳板的下士，是辅助军事先锋团（Auxiliary Military

Pioneer Corps）的成员。该部队是英国轻型工程师组成的预备役，他们在扣人心弦的那几周里广泛参与了各类疏散行动。

联军从法国海岸慌不择路的大溃败，盖因1940年春天希特勒军队横扫西欧。1939年9月波兰沦陷后，爆发了一场"假战"——"战争"以军事部署和海上封锁居多，真正的战斗则屈指可数。这种情况到1940年4月才突然改观，那时纳粹发动了对挪威的闪电入侵，推翻了挪威政府，夺下北海诸港，建立了德国总督约瑟夫·特波文与挪威法西斯分子维德孔·吉斯林治下的新政权。

同时，希特勒将视线转向西方。1940年5月10日，德国军队入侵了法国、比利时、卢森堡和荷兰。他们绕过了马奇诺防线——一条旨在保护法国免遭德国侵略的大型武装堡垒阵地——并以闪电战一贯的高速和无情向大西洋海岸推进，合围了随后将从敦刻尔克撤离的几十万英国远征军和法国军队。

于是，战争不再装腔作势。敦刻尔克之后英国迎来了一系列标志性的试炼。1940年7月至10月10日，赫尔曼·戈林的德国空军与英国皇家空军进行了空中交锋。这便是不列颠之战：建立德国对英国的空中优势，以便开始跨海峡两栖登陆的"海狮计划"。搏命的、英勇的、生与死的空战进行了一轮又一轮，眼看英国皇家空军占据了上风，不列颠之战突然进入"大轰炸"（Blitz）阶段——德国空军对伦敦、考文垂、布里斯托尔、加的夫、利物浦等地的民用和工业目标进行了猛烈的夜间轰炸。大轰炸持续到1941年5月，它永远地改变了英国的工业格局以及英国人的集体意识。

英国之外，1940年也是反希特勒力量最难熬的日子。比利时和中立的荷兰被占领。巴黎于6月14日沦陷，法国旋即陷落，并在一战英雄菲利普·贝当元帅的领导下于维希设立了傀儡政权。意大利参战，越过阿尔卑斯山短暂地入侵了法国，攻击了埃及、英管巴勒斯坦和英属索马里的英国设施。

此外，苏联于1940年3月结束了对芬兰的冬季战争，宣布吞并了10%以上的芬兰领土。在远东，日本的全面侵华战争来到第三年。在法国向德国投降以后，日本人进而染指法属印度支那。

1940年的最后几个月，德国、意大利和日本轴心三国的关系在《三国同盟条约》中得到巩固。至此，一国之敌即三国之敌。世界上的所有冲突此时都已合并为同一场世界大战。

1940年5月10日

德军步兵、坦克、飞机、伞兵多管齐下，直取荷兰、比利时和法国，甚至阿登森林也无法阻挡。英法联军丢盔弃甲，节节败退。

1940年5月26日—6月4日

在上千艘军舰和民用船只的营救下，超过33万人（三分之二是英国人）逃离了德军在敦刻尔克的合围。这出乎所有人的预料。

1940年6月22日

法国接受德国的停火条件，从而将法国分割为占领区和"维希"政权。夏尔·戴高乐在伦敦号召法国人民继续抵抗。

1940年7月10日

不列颠之战打响，德国轰炸机企图在军队发动两栖登陆前摧毁英国的防空和海防，但未能如愿。

1940年9月7日

为报复英国皇家空军对柏林的空袭，德国轰炸机改换目标，对以伦敦为首的英国城市进行轰炸。轰炸持续至1941年5月，称为"大轰炸"。

大西洋战役

尽管1939年与1940年之交的冬天的"假战"没让欧洲大陆战火熊熊，但海上却是另一番景象。英法宣战时就对纳粹德国实施了海上封锁，希特勒对之以反封锁。

其后五年半，大西洋变为战场。从美国航向欧洲和苏联的商船队伍都有遭德国海军攻击之虞，而英法联军以及后期盟军的舰艇和飞机则尽力护卫。仅战争开始后的头四个月，德国舰艇就击沉了三分之一的英国商船；1939年10月14日，"皇家橡树"号战列舰就在斯卡帕湾皇家海军基地的眼皮底下被一艘德国潜艇击沉，八百余名水兵殒命。在第二次世界大战期间，被击沉的商船达三千多艘；英国竭力破解纳粹恩尼格玛密码机的军事密码，主要目的就是想预知德国潜艇的动向。

左侧照片中的水手参与了二战期间首次大海战——拉普拉塔河口之战。1939年12月13日，他们登上了"埃克塞特"号，与"阿贾克斯"号和"阿基里斯"号同行，在乌拉圭海岸攻击了德国的袖珍战列舰"格拉夫·斯佩海军上将"号。"埃克塞特"号遭受重创，而"格拉夫·斯佩海军上将"号则在其船长命令下自沉。这些水手正在庆祝他们安全返回普利茅斯港。

冬季战争

东线没有"假战"。1939 年 11 月，苏联出兵芬兰，意在沿苏芬边界建立缓冲区，护卫列宁格勒。这一领土吞并在《苏德互不侵犯条约》中得到提前认可，但导致了苏联被国际联盟除名，而对苏联红军而言，这也是一次痛苦的经历。

俄国革命后，布尔什维克就涉入了芬兰内战（见第 144 页）。一代人过去，约瑟夫·斯大林仍念念不忘将芬兰收入苏联囊中。1939 年 11 月 30 日，四支苏联部队越过芬兰边境。斯大林手下将领在此役投入近 50 万人，用昵称为"莫洛托夫面包篮"（名字来源于苏联外交人民委员维亚切斯拉夫·莫洛托夫）的集束燃烧弹轰炸了芬兰的各个城市。

苏军拥有火力和人数的极大优势，但芬兰人顽强抵抗，他们也得到当地严酷气候的护佑。像芬兰滑雪部队这样的战士更加熟悉，装备上也更加适应严寒的沼泽地以及低至零下40℃的气温。苏联军队遭受巨大损失，上万人因冻伤而失去战斗力。

苏联最终以纯粹的人数优势取胜。芬兰在1940 年 3 月的《莫斯科和平协定》中割让了大量领土。但是，斯大林征服弱邻的艰难全被德国人看在眼里，这对之后的战争产生了深远影响。

入侵挪威

"威瑟堡行动"是纳粹德国入侵丹麦和挪威的代号，于1940年4月9日发动。丹麦几乎不战而降；而更一波三折的是推翻挪威王室政府，代之以德国总督约瑟夫·特波文和挪威法西斯政客维德孔·吉斯林共同领导的亲纳粹傀儡政府。

挪威之所以重要，是因为德国能通过其港口获得邻国瑞典（中立国）出产的铁矿石，价值非凡。控制了挪威漫长的海岸线，也就让德国北大西洋的军舰和潜艇可以随时对英法美等国的商船造成威胁。英国时任海军大臣温斯顿·丘吉尔先见及此，说服了同事在挪威水域布置水雷，不过此计尚未取得重大进展，希特勒就下达了入侵挪威的命令。

大批陆军和海军以及空降兵参与了"威瑟堡行动"，空降兵被派往占领挪威南部的机场。前面这张照片拍摄于战斗打响后一周，两名德军士兵——其中一名是排长——在奥斯陆以北的雪地中作战。

英法联军急忙驰援挪威，助其抵抗，但他们也阻挡不了浩浩荡荡的纳粹战争机器。尽管皇家海军重创德国舰队，但英法联军仍于6月7日撤退。挪威国王哈康七世逃亡国外，随行的有王室、政府主要部长以及国家的储备黄金。他在英国建立流亡政府，1945年才归国。

法兰西之战

英法联军无力在1940年6月保卫挪威，因为希特勒的军队在西欧也开始攻城拔寨，将英法联军逼退至大西洋海岸线。

在1930年代，法国修建了庞大的堡垒系统，混凝土碉堡交错，炮兵阵地林立，人称"马奇诺防线"，用以抵御德国军队随时的陆上入侵。这条防线构筑于法国北部——至少在理论上依傍比利时阿登山脉的丛林，时人无不认为此丛林无法翻越，即便德军的闪电战部队亦是如此。

然而，1940年5月10日，德国向西对比利时、荷兰、卢森堡和法国发动了进攻。德国国防军装甲师视公认常识为无物，经阿登森林呼啸而过。装甲师由颇有远见的军事谋略家海因茨·古德里安将军率领，右页照片里他正身处指挥车中。古德里安大胆的战术捣毁了法国人的防线，英法联军溃不成军，大部分英国远征军逃往敦刻尔克，等待海峡对岸的救援。

德军进攻的速度和力度使他们几天之内就取得了惊人的战果。5月14日荷兰投降，两周后比利时步其后尘。5月27日，英国人开始撤出欧洲大陆。德军入侵西欧才一个多月，元首就准备进入巴黎了。希特勒的欲望似乎没有尽头。

闪电战

　　希特勒在1930年代重建的军事机器威力之巨，在纳粹德国对比利时与荷兰的闪击中可见一斑。战斗始于纳粹空军对对手机场的轰炸，以及滑翔机伞兵对比利时险隘埃本－埃美尔要塞的突袭。5月14日，对荷兰鹿特丹的轰炸将历史悠久的著名城区夷为平地。燃烧弹纵起熊熊烈火，延烧数日，几百名比利时人丧命，近十万百姓无家可归。

　　右侧照片中布鲁塞尔的民防人员和救援部门正在拼命救火。从天而降的破坏利器之一要数德国标准B1燃烧弹。它体积小，重约1千克，却可集束投放，一次700枚。撞击时弹体内的铝热剂发热熔化弹壳，能引燃周围的一切。

　　对于这样猛烈的攻势，比利时军队疲于抵抗。布鲁塞尔于5月18日沦陷，比利时的政治统一也随之分崩离析。5月28日，比利时国王利奥波德三世将他的军队连同本人拱手交给德军。撤退中的英法联军因此压力空前，利奥波德饱受国内外的唾骂。国王被软禁在家中，甘为囚徒，直到战争结束。同时，德军迅如闪电的西进还在继续，沿途生灵涂炭。

首相丘吉尔

1940 年 5 月 10 日，纳粹德国入侵比利时与荷兰的当天，温斯顿·丘吉尔就任英国首相。他接替的是内维尔·张伯伦，后者在英法联军眼见纳粹占领挪威却无能为力之后引咎辞职。

丘吉尔已经六十五岁，但他工作起来犹胜而立之年。他曾在张伯伦手下担任海军大臣，对全球战争该如何进行有敏锐的了解。此外，他接掌大权还有坚定的历史使命感和救欧洲于暴政的责任感。他高昂的个性和"斗牛犬"精神，对国民士气来说是无价之宝；他永恒的辞章赋予英法联军以及后来的盟军的战事昂扬又英勇的注解。

丘吉尔从许多方面来看都是活在更早年代的人，1930 年代他抨击那些对希特勒的姑息怀柔，因而一直被斥为战争贩子。如今他组建了战时内阁，在下议院的发言为自己的政策目标定下了基调，他对议员们说："我没有别的保证，唯有苦、泪、血、汗。"他说，英国唯一的政策是"以上帝赋予我们的全力，发动海、陆、空战争……去对抗暴政，永远不要被黑暗、可悲的罪孽所征服。"

元首在巴黎

　　1940 年 6 月底，当希特勒到来时，200 万巴黎人逃离了他们生活的城市。站在埃菲尔铁塔的阴影下他大概会想，他的军队仅用一个多月就取得了第一次世界大战德皇耗尽四年都未成就的功业。不过，现在已经一雪前耻：6 月 22 日，法国的投降已经在一节火车车厢中完成，而这节车厢正是见证 1918 年 11 月停战协定的那一节。

　　希特勒羞辱法国人之后，对巴黎手下留情，只是拆毁了两座他认为反德的塑像，艾迪丝·卡维尔像是其中之一。在梅赛德斯车队的簇拥下，他参观了歌剧院，之前他还参观了凯旋门、荣军院拿破仑陵园和蒙马特区。他选定的观光同伴有两位建筑师——阿尔伯特·施佩尔（左）、赫尔曼·吉斯勒，此外还有雕塑家阿诺·布莱克（右）。希特勒有改造柏林等德国城市的宏愿，想让它们有朝一日比巴黎还要光彩夺目。

　　希特勒对法国首都的观光只持续了三个小时，此后再未来过，但他说他终于美梦成真。对于许多法国人来说，纳粹的占领不啻为一场漫长的噩梦。

维希法国

菲利普·贝当元帅时年八十四岁，1940年5月的紧急时刻他正担任驻西班牙大使，后承召进入内阁。贝当在第一次世界大战时于凡尔登力挽狂澜（见第92页），重振士气，堪称民族英雄，但他第二次世界大战时的所作所为则大不相同。

6月16日，政府将巴黎拱手让与纳粹，贝当接替保罗·雷诺担任总理。他的工作是同意德国战胜法国的停战协定，并向全国广播其条款。停战协定在法国北部和西部创造了一个德国占领区，并允许南部存在一个半附庸的法国国家，政府设在维希。贝当成为这个法兰西新国家的领导人——兼国家元首与总理之职。

对于有威权主义倾向的保守主义传统人士——如贝当，维希恰好是一次机会，可去清除法国的社会主义因子。于是维希法国建立起一套对元帅的个人崇拜，在1940年至1941年，他巡游维希法国以接受人们对他的殷勤谄媚。在右侧这张照片中，他在维希当地接见学生，接受鲜花。

维希政权一直延续到1944年盟军解放法国，其后它的许多当政者被斥为通敌叛国。与维希法国相反的存在是"自由法国"，它是一个流亡政权，组织反抗军并作为盟军成员之一参加战斗。

不列颠空战

丘吉尔曾预言法国沦陷之后将有不列颠之战。他说对了。1940 年 7 月至 10 月，德国空军发起了进攻。德国飞机从新征服的空军基地升空，袭击航船，摧毁港口，企图控制英吉利海峡，摧毁皇家空军司令部，从而在启动"海狮计划"时陷英国于无援之境。

为此，德国空军司令赫尔曼·戈林向目标发起了一波又一波的轰炸，训练不足的英国皇家空军飞行员仓促上阵保卫领空，英勇无畏，却险象环生。除了不列颠本国人外，参加不列颠空战的飞行员还有爱尔兰人、波兰人、捷克人、法国人、比利时人，志愿请缨的美国人，以及大英帝国自治领的飞行员。许多人驾驶的是"超级马林"喷火战斗机，但更多的是霍克"飓风"，后者装载劳斯莱斯公司的梅林 3 发动机和八挺机枪。左侧照片中的"飓风"战斗机由皇家空军第 85 空军中队驾驶，照片则由皇家空军新闻摄影师 B. J. H. 达文垂拍摄。

到 10 月时，形势已经明了，皇家空军成功地保卫了英国的天空，希特勒不得不取消"海狮计划"。纳粹德国的进攻第一次被扼杀。不列颠之战激战正酣时丘吉尔发表了又一篇精彩的演讲，谈到皇家空军，他动情地说："在人类冲突的历史上，从来没有这么少的人要接受这么多人的感谢。"

战争中的女性

第二次世界大战一爆发，英国议会就通过了《国家（武装部队）兵役法》。该法要求所有年龄在十八岁至四十一岁的男性必须服兵役，除非生病、从事重要行业或证明自己出于信仰而拒绝服役。两年后，经历了不列颠之战和大轰炸后，政府又将征兵范围扩大至英国女性。年龄在二十岁至三十岁的未婚妇女和无子女的寡妇也有义务接受征召。

当然，许多女性早已主动加入了各种各样的军事组织，如皇家海军女兵（Women's Royal Naval Service, WRNS）和空军辅助女兵（Women's Auxiliary Air Force, WAAF）。右侧照片中的女性来自本土辅助部队（Auxiliary Territorial Service, ATS），它是战时女性服役人数最多的部队——1938 年至 1945 年，四分之一的英国女性加入了这支部队。这张照片摄于 1939 年 12 月，当时诺玛·奎伊（中间）是该部队唯一的黑人女性。

女性在 ATS 的工作多种多样。她们除了烹饪、驾驶、接听电话、打字，还在雷达站和防空炮兵部队工作，或者担任工兵。战争最后几个月，乔治六世国王的大女儿，十八岁的伊丽莎白公主（未来的伊丽莎白二世女王）加入了 ATS。她接受了机械师和驾驶员的培训，战争结束时她已是初级指挥官。

大轰炸

不列颠之战后，大轰炸又来了。从 1940 年 9 月 7 日至 1941 年 5 月，德国空军调整了目标，轰炸机不再对准机场，而开始袭击城市和平民，意在破坏基础设施和工业生产，企图使英国人陷入绝望。

伦敦是遭大轰炸打击最严重的城市。行动一开始，伦敦就连续五十七晚遇袭，每晚都有数百人丧生。轰炸的范围也越来越广，考文垂、布里斯托尔、加的夫、利物浦、伯明翰等城市都榜上有名。左页照片中让人印象深刻的抢救发生于南安普顿，此地有重要的港口，也是"超级马林"——喷火战斗机的生产商——主要工厂的所在地。9 月 24 日，梅塞施密特 Me 110 战斗轰炸机袭击了"超级马林"厂区。尽管损失轻微，却直接炸毁了防空洞，约二十五名工人丧生，另有多人受伤。

这张标志性的照片曾被认作是发生于伦敦的一幕，最近才被确认为 1940 年 9 月拍摄于南安普敦。照片中，名叫阿尔伯特·罗宾斯（居中未戴头盔的浅发色男子）的年轻人正努力从轰炸后的瓦砾中拉出伤者。当天稍晚时，罗宾斯目睹了救援车辆的绞盘切掉了一个女孩的腿。他大受刺激，三天没回家。

疏散 ▶

是不列颠之战和大轰炸让英国的平民百姓直面战争的伤害。不过早在战争爆发之前，庞大的疏散计划就已在实施，旨在将弱势人群——年轻母亲、老人、残障人士，特别是儿童迁出主要城市，临时安置于农村。官方称之为"吹笛人行动"（Operation Pied Piper）。该行动在 1938—1944 年疏散了大约 350 万人。

后面照片中的孩子即将被第二次转移。战争爆发时，他们被送到苏塞克斯海边。拍摄这张照片的 1940 年 7 月 14 日，他们再次被疏散至伦敦周边各个郡县。孩子们衣服上的标签通常记录着他们的姓名、住址、学校和邮编，以便当局和成年志愿者在疏散过程中追踪这些远离双亲的孩子。同父母分离多会令人痛苦，在茫然无措中突然远走他乡的记忆往往会伴随这些孩童的一生。

通常，孩子们离家时只带很少的物品——外衣、睡衣和少量卫生用品。与其他国民一样，英国政府也鼓励孩子们携带防毒面具。战争开始时政府发放了数百万个黑胶面罩，以防大规模的化学武器袭击。感谢上帝，这样的事并未发生。

入侵埃及

当希特勒的军队从空中进袭英国本土时，北非也开启了一个战区。驻扎在利比亚的墨索里尼部队准备入侵埃及。

于英法联军而言，保卫埃及至关重要。中东的石油储备是战时的重要资源，而苏伊士运河连通了红海和地中海，英国的海军和商船从此在欧洲与东方的帝国领土和自治领之间畅通无阻。将意大利人赶出埃及的战事被称为"西部沙漠战争"，它始于1940年秋天，持续了两年半。左侧这张意大利火焰喷射部队的照片拍摄于战争前几个月，地点是利比亚与埃及边境。

1940年9月9日，战斗正式打响。意大利第10集团军在鲁道夫·格拉齐亚尼元帅的率领下大举越过边境，并在沿海城镇西迪巴拉尼附近扎营建阵。然而12月初，英国发动"罗盘行动"，西方沙漠部队（包括澳大利亚、印度等帝国海外军队，还有一些"自由法国"的战士）将格拉齐亚尼及其军队赶回了利比亚，俘虏13万人，缴获大量坦克和枪支弹药。1941年1月，墨索里尼不得不向德国求援，希特勒于是派出非洲军团，它最著名的指挥官是人称"沙漠之狐"的陆军元帅埃尔温·隆美尔。

中日相持

　　1937 年 7 月 7 日开始的日军全面侵华战争已将中国大地撕裂。在右侧这张摄于 1940 年的照片中，一群中国平民列队站立，自组地方保安队。他们身后的旗帜表明此地仍属蒋介石领导的中华民国国民政府管辖。

　　1937 年日军先后占领北京与南京（见第 229 页），中国遭受屈辱和流血的惨败，但并未认输。1938 年春，在台儿庄战役中，国民党军队首次在正面战场上重挫日军。不过此后，前者又遭受了一系列败绩。10 月，日本人占领了重镇武汉。

　　武汉会战是生死之斗。1938 年 6 月，蒋介石下令炸毁黄河的一段主要大堤，令洪水泛滥。纵是如此也未能阻止日军推进，却淹没了数万中国村庄和农田，50 万—150 万人因此丧生。

　　1941 年，日军已占领华东大半，但推进乏力。同时，他们在正面战场上受到国民党军队的抵抗，在后方则遭到共产党军队的打击，战争进入相持阶段。不过，东方的战情很快就会发生剧变，美国即将加入第二次世界大战。

1941—1942

侵袭

我们到达时，我想那是地球上最病入膏肓的地方。

所有东西都在腐败，包括你的身体。

——美国海军陆战队员西奥多·R.卡明斯回忆

瓜达尔卡纳尔岛战役

拉夫·莫尔斯在夏威夷登上美国"企业"号航空母舰驶向太平洋时，他二十四岁。那是1942年1月，第二次世界大战已经把世道搅得天翻地覆，可美国才参战一个多月。莫尔斯刚被聘为《生活》杂志的摄影师，成为美国一代年轻人中的一员。这代年轻人远渡重洋，来到他们许多人甚至从没听说过的地方，浴血沙场。即便是这群人，也很少有人像莫尔斯一样见识过那么多场仗。四年时间里，莫尔斯的足迹遍及太平洋上的诸多群岛和西欧，拍摄了许多战争影像史上最具代表性的照片。

离开美国一年，莫尔斯正在所罗门群岛之一的瓜达尔卡纳尔岛，这是他第二次来。上一次他偶遇萨沃岛海战，他所在的美国"文森斯"号巡洋舰中弹沉没，莫尔斯在血雾弥漫、鲨鱼出没的海水中漂荡了一夜，等待救援。而这次，他与一群海军陆战队员欢度了1942年的圣诞节。一天，莫尔斯与他们一起巡逻，在某个林场空地发现了一辆废弃坦克，上面挑着一个被烧过的头骨（见第288页）。他后来说，他知道"这是一张很棒的照片……可以向希望参战的人展示战争到底是什么"。为防水，他把处理好的底片放入避孕套中寄回了美国。几

周后，《生活》杂志的读者打开1943年2月1日那期，就能看到七页莫尔斯拍摄的照片。人头那张占一整页，图注为："一个日军士兵的头骨被美军挑在一辆烧毁的日本坦克上，尸身已烧毁。"

1941年12月7日，日本海军航空兵发动了20世纪最臭名昭著的袭击之一，对夏威夷珍珠港的美国海军基地发动了大规模攻击。在大约90分钟时间里，超过2000名美国海军士兵丧生，18艘舰船沉没或严重受损。日军的目的是先发制人，确保美国无力干预其入侵美、英、荷远东殖民地的计划。罗斯福总统说，他们的行径将12月7日定格为"耻辱日"。12月8日，美国对日本宣战。四天后，宣战对象扩大至德国和意大利。就像1917年那样，随着美国的加入，战争格局突生巨变。

当然，与1917年一样，正式参战之前美国并非全然作壁上观。大西洋上美德舰只已有交火，美国对日本帝国主义及其在中国的侵略行为的反对亦促使罗斯福出台了对日本的石油禁运政策。1941年3月，他批准了向友邦提供战争物资的"租借"政策（《租借法案》）。五个月后，他俨然与英国已成战争盟友，同温斯

顿·丘吉尔发布《大西洋宪章》，确立了基于全球合作与自由的战后秩序，预设了法西斯主义和军国主义的失败。

美国完全过渡到战争状态需要时间，但珍珠港事件仅仅两周内，美国的"飞虎队"就开始飞赴中国拦截日本轰炸机，支持蒋介石领导的国民政府了。在美国国内，由于担心美国西海岸遭外国入侵，大量日裔美国人被拘留，许多人被当作潜在的"第五纵队"成员。这仅仅是个开始。但在1942年的前几个月，美国的力量还不足以抵挡日本在太平洋上的脚步。2月，日军击溃了英军在新加坡的防卫部队，俘虏了约8万名战俘，丘吉尔称之为英国历史上"最严重的灾难和最大规模的投降"。

罗斯福不仅选择与日本作战，还要与欧洲的轴心国作战，担起盟国的重大责任。他不能忽略西方发生的事。1941年4月，希特勒的军队涌至南斯拉夫和希腊以支援巴尔干的意大利军队，当月内就逼得两国投降。接着在6月，希特勒发起了他整场大战中最大胆也最致命的战事。德军启动了"巴巴罗萨行动"，大规模入侵苏联。这不仅撕毁了《苏德互不侵犯条约》所确立的休战状态，还把第二次世界大战推入了一个全新阶段。东进的闪电战最终失利于斯大林格勒。然而，借着向东推进的步伐，纳粹掀起了最恐怖的大屠杀——对欧洲犹太人工业化的种族灭绝。首先，在华沙等城市，犹太人被赶进肮脏、封闭的隔离区；然后就是机械化的杀害，奥斯维辛和特雷布林卡等集中营被用作程序化屠杀数百万无辜者的工具。

欧洲之外，由埃尔温·隆美尔率领的轴心国军队继续威胁埃及，直到盟军在阿拉曼连胜两场，盟国才扭转了颓势，走向地区性的胜利。1942年11月，英美联军进入维希法国属地摩洛哥和阿尔及利亚。火炬行动为盟军最终控制地中海，进而反攻南欧奠定了基础。

到1942年底，战争的局势显示出扭转的趋向。1942年6月中途岛战役之后，美国海军在太平洋力压日本军队指日可待。斯大林格勒战役之后，希特勒在两条战线同时遭遇两个崛起的超级大国的抵抗。在瓜达尔卡纳尔岛，拉夫·莫尔斯度过了毛骨悚然的圣诞节。美军正在努力争胜，却遭受惨重伤亡。他们见识了日本人自杀式的武士道，这种顽固的信条将持续到战争的最后一刻。

1942年1月20日

在柏林郊区的万湖会议上，纳粹高层炮制了"最终解决方案"——对欧洲犹太人进行工业化的屠杀。

1942年2月15日

新加坡遭日本军队进攻后陷落，英国举国哗然。一个月前，日本还侵略了英国殖民地缅甸，大大威胁了中国的物资供给线。

1942年6月4日

在中途岛战役中，日军在美国舰船和舰载机的攻击下损失惨重，再无力主宰太平洋。

1942年10月23日

伯纳德·蒙哥马利中将指挥英军在埃及阿拉曼的进攻，击败了声名正盛的"沙漠之狐"埃尔温·隆美尔领导的轴心国军队，后者撤退。

1942年11月8日

在火炬行动中，美国发起了对维希法国属地摩洛哥和阿尔及利亚的两栖登陆。维希法国军队的指挥官纷纷倒戈，美国迅速取胜。

《租借法案》

1941 年 3 月 11 日的白宫，摄影师围在罗斯福总统的办公桌旁，见证他签署《促进美国国防法案》，即众所周知的《借租法案》。法案将美国从中立立场带离，允许政府向友邦提供"国防物资"——食物、燃料、武器、车船，因为这对美国的安全至关重要。

《租借法案》惠及的国家（最后）均为盟国：英国、自由法国、中国和苏联。但是，该法案并非美国对这场战争的首次贡献。自 1939 年起，英法等国便可购买美国的武器弹药，只要它们自己负责运输并预先付款 [称为"现金现提"（cash and carry）]。不过，这一计划很快耗尽了盟国的资金。1940 年 9 月，英国为支付五十艘美国驱逐舰的费用，把加勒比地区和纽芬兰的军事基地租借给美国。

《租借法案》满足了英法等国对美国丰厚经济资源的迫切需要，并且此种租借的贷期超长（英国最后一笔第二次世界大战《租借法案》的还款 2006 年才完成）。1941 年 2 月，丘吉尔大声疾呼："给我们工具，我们就能完工！"罗斯福用《租借法案》上的签名回答了他。

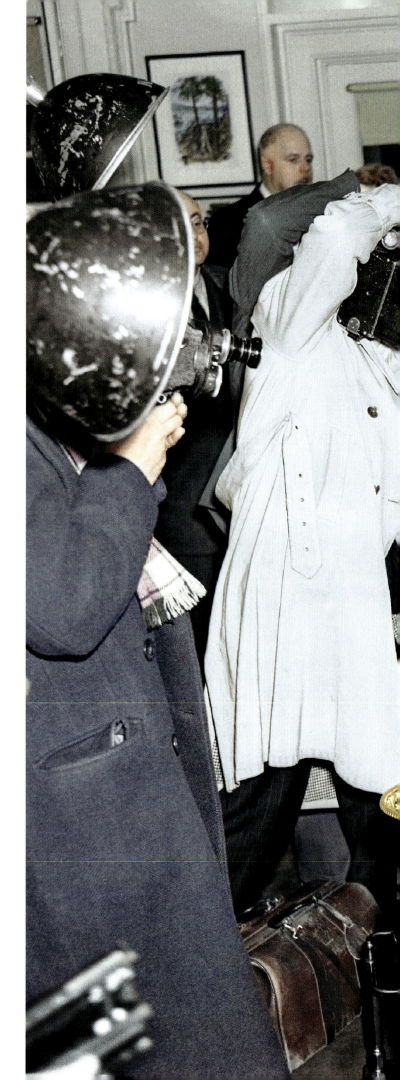

自由法国

受益于《租借法案》的还有"自由法国"。它的领导人是夏尔·戴高乐。他参加过第一次世界大战，1916年被德军抓获，当了近三年时间的战俘。法国1940年向纳粹投降时，戴高乐身在伦敦。他通过英国广播公司（BBC）发表讲话，称法国人"因军事体制弊端、作战失误以及政府在近来战斗中的失败主义而输掉了法兰西之战……荣誉、直觉和国家利益要求所有自由的法国人，无论他们身在何处，都应尽其所能地继续战斗"。在后来的宣传海报上，这番话被简化为："法国输掉了战役，法国还没有输掉战争！"

最初戴高乐只有几千人的军队，因为从敦刻尔克逃出的多数法国人已于1940年6月返回祖国。但英国的法国侨民志愿者加入了他们的阵营，他们还有（从1940年11月7日开始）以西蒙娜·马修为首的女性军团，后者效仿的是英国本土辅助部队。在左侧这张拍摄于1941年的照片中，法国志愿女兵团一队成员从"自由法国"总部——伦敦的卡尔顿花园出发走上大街。一份当时的报告描述她们的面貌为：有"圣女贞德的精神"。她们的翻领上佩戴着自由法国的徽章——洛林十字架。

华沙犹太人隔离区

纳粹在其征服之路上——西至海峡群岛，东到敖德萨——建立了由集中营、死亡营和城市犹太人隔离区组成的一整套压迫体系。臭名昭著者莫过于华沙的犹太人隔离区，即前面这张拍摄于1942年的照片中的犹太夫妇的所在之处。

战争初期纳粹德国占领波兰之后，他们选择管理波兰的大部分地区，这片区域称为"总督府"。这是个不受法律保护的地方，由一个名叫汉斯·弗兰克的酷吏执掌大权。他有计划地驱逐、虐待和杀害当地居民，以使该地区荒芜退化，以便德国人将来搬入。大屠杀中许多令人发指的罪行都发生在总督府，这里建有四个灭绝营。

华沙犹太人隔离区建于1940年秋天。纳粹占领军强迫犹太居民围绕不到约5平方千米的区域建造3米高的围墙。高墙之内将关押大约45万犹太人，生活条件极为恶劣，每人每日口粮不足200卡路里。斑疹伤寒等因卫生条件恶劣引发的疾病肆虐，医疗用品极其有限。因战争大获其利的德国商人开办的血汗工厂常常雇用隔离区居民，将其作为廉价劳力甚或奴工。

1942年7月，纳粹开始将犹太人赶出隔离区。"重新安置"意味着集体屠杀：数以万计的犹太人被装进火车，开往80千米以外的特雷布林卡毒气室。

艾伦·图灵

1942年盟国得知，德军战线后方数百万犹太人正在被杀害，其中既有党卫军行刑队的流动作业，也有灭绝营的集中屠杀。这一发现要归功于他们破解了纳粹的通信密码。破译任务由位于布莱奇利公园的"政府密码与加密学校"（GC & CS）牵头完成。在这里，数千名分析师读出了敌人的加密电报，包括用恩尼格玛密码机发送的电报，而恩尼格玛密码机被纳粹认为是不可破译的。由此得到的情报密级极高，代号为"乌特拉"（Ultra）。

右页照片中的人是艾伦·图灵，是布莱奇利公园最杰出的员工之一。他有一段时间负责"八号屋"，这个部门专门破译恩尼格玛加密的德国海军通信密码。他设计了名为"甜点"（Bombe）的机器，对破译工作贡献极大；1941年，图灵等人致信丘吉尔，请求给予更多资源，也解释了为何他们的工作对保护英国航运至关重要。首相回应以有力的支持。

除了在布莱奇利公园的工作，图灵还在美国和英国研发语音加密系统。战后他成为早期计算机设计的先驱。不过，他因同性恋罪于1952年遭到公诉，并处以化学阉割。两年后他因氰化物中毒去世，终年仅41岁。这位饱受迫害的战争英雄的故事近年来才日渐为人所知。

巴巴罗萨行动

1941 年上半年，世界各地的情报都显示纳粹德国在靠近苏联边界的东欧地区集结兵力。在大多数领导人看来，希特勒似乎有意进攻苏联，撕毁《苏德互不侵犯条约》。唯一不相信战争近在眼前的，仿佛只有约瑟夫·斯大林一人。

纳粹入侵——"巴巴罗萨行动"——开始于 1941 年 6 月 22 日：在数千辆坦克和飞机的掩护下，350 万人的德国及轴心国军队朝苏联发动进攻。在左页这张照片中，一名德国炮兵观察员正在观察炮弹落点。照片拍摄于布列斯特−立托夫斯克，是 1918 年苏俄与德国签署屈辱条约的所在地。

"巴巴罗萨行动"筹划周密，执行果断。德军压制苏联守军达几周之久。（在某些地区，如乌克兰，入侵者却受到当地人欢迎，还收到了礼物。）此次行动以残酷无情的战斗为特征。德国国防军受命在这次"歼灭性"的战斗中摒弃一切常规的战争规则，一举消灭"次等"民族以及共产党。

待斯大林最终接受正在发生的一切后，他呼吁苏联军民打一场保卫祖国的爱国战争。他还意识到他需要新盟友。美国、英国和苏联，这个不太可能形成的联盟即将诞生。

珍珠港 ▶

1941 年 12 月 7 日，超过 350 架日本海军航空兵的舰载轰炸机和战斗机从空中呼啸而来，攻击了停泊在夏威夷珍珠港的美国太平洋舰队。袭击之前没有任何官方警告。尽管美日关系日趋紧张，但两国毕竟不是战争状态。罗斯福总统第二天说 12 月 7 日将永远被定格为"耻辱日"。他没有夸大其词。

后面的照片中，救火船正在为受袭后的美国军舰"西弗吉尼亚"号灭火。尽管如此，这艘战舰仍然没能逃过沉没的命运，随之而去的还有 106 条性命。事后估算，有约 2400 名美国人在珍珠港丧命，其中将近一半都是"亚利桑那"号的船员——"亚利桑那"号因弹药仓被击中而发生爆炸，1177 名船员殒命。

袭击珍珠港的同一天，日军还进攻了美属菲律宾和关岛，还有英国人控制的马来亚、香港以及新加坡。此举令太平洋战争大规模升级，同时也是日本参谋本部的一次豪赌，改变了整个第二次世界大战的面貌。12 月 8 日，美国对日宣战。三天后，美国也对德国宣战。轴心国终于唤醒了美国巨人。

拘禁日裔美国人

　　珍珠港事件四个月后，美国西海岸对"所有日本裔居民"颁布了拘留令。于是，约5万名日本初代移民［称为"日一代"（issei）］及7万名他们在美出生的子女［"日二代"（nisei）］被迫变卖房产，辞工辍学，与朋友道别，或乘汽车，或摆轮渡，来到当地的集散中心，进而被发配至爱达荷、阿肯色、科罗拉多或怀俄明的州外"安置中心"。名为中心，实则囚营，周围有哨塔和围栏。

　　强制迁徙的法律依据是罗斯福总统1942年2月19日签署的"第9066号行政令"，该命令允许军方划定"排除任何人的地区或者无人区"。虽然没有明确将日裔美国人定为目标，但行政令给予军方自由裁量权，其潜台词不言自明。在华盛顿、俄勒冈和加利福尼亚，美国西部防御司令部（WDC）可以自行其是，不经法律程序地集中居民和美国公民，无限期剥夺他们的自由权利。

　　拘禁，尤其是对"日二代"来说，充满痛苦。这番歇斯底里的应激反应是由日军偷袭珍珠港引发的。1942年初，加利福尼亚州附近海域就发现了七艘日本潜艇，其中一艘还攻击了圣塔芭芭拉附近的埃尔伍德油田。美国人对日本人全面入侵西海岸的普遍担忧是真实存在的。

飞虎队

珍珠港事件发生后不到两周，美国飞行员就执行了首次对日战斗任务。但他们并非常规的美国空军飞行员，他们是"飞虎队"（更恰当地说，是"美国志愿援华航空队"）。飞虎队共有三个飞行中队，被派往中国战略要冲，帮助中国空军抵御日本人的空中进犯。

"飞虎队"由第一次世界大战资深飞行员、蒋介石的顾问克莱尔·L.陈纳德指挥。他因面皮饱经风霜，绰号"老皮脸"。飞虎队驾驶的是柯蒂斯P-40"战鹰"单座战斗机，如右侧照片所示，机头处涂装有飞虎队独特的鲨鱼头图样。三个中队分别被称为"亚当夏娃""熊猫"（它们部署在中国）和"地狱天使"（部署在缅甸）。

飞虎队最初被派驻中缅边境，保护仰光周围的补给线。在1941年12月20日的首次任务中，"亚当夏娃"和"熊猫"中队的战斗机拦截了十架日本轰炸机，击落至少四架。在随后的七个月中，"飞虎队"战斗于中国、缅甸、泰国、法属印度支那上空，出战五十余次，击落近三百架敌机*。1942年7月，飞虎队受命解散。但当年还未结束，他们的事迹就已成为好莱坞电影的题材。约翰·韦恩和安娜·李主演的电影于1942年10月上映，名为《飞虎队》，亦作《缅甸路上的美国人》。

---

* 原文如此，一说不超过115架。——编者注

新加坡沦陷

　　尽管"飞虎队"等战斗部队作战英勇，但截至 1942 年上半年，日本人仍在东方战场占据上风。他们最出名，亦恶名远播的一次胜利是在 2 月 15 日，日军占领了新加坡英军重要的军事基地，俘虏了英国及其海外军团战俘共 8 万人。这是英国有史以来最大规模的投降。左侧这张照片就拍摄于当天。

　　新加坡被称为"东方直布罗陀"，皇家海军要在东方发挥作用，其战略位置至关重要。但它缺乏有力保护，基地内英、澳、印指挥官之间亦有分歧。

　　1941 年 12 月，山下奉文中将指挥的日军进入马来半岛，不久便向南朝新加坡步步进逼。对新加坡本岛的空袭也同时开始。1942 年 2 月初，日军已准备就绪，准备进攻沿海布防松散的英军，进行两栖登陆。经过七天的战斗，英国指挥官阿瑟·珀西瓦尔中将决定不在易攻难守的防御中做无谓牺牲，于是投降了。

　　投降同样带来的是悲剧和死亡。几万名战俘在劳工营服苦役，受虐致死，岛上的马来人和华人也有上万人被杀害。

中途岛战役

至 1942 年 5 月时，日本已经攻占了菲律宾、关岛、泰国、马来亚和新加坡等地，还有石油资源丰富的荷属东印度群岛（印度尼西亚）、缅甸和新几内亚大部分地区。不过 5 月 4 日至 8 日，日本海军在珊瑚海战役——世界首次航母对战中严重受挫。这次交锋让日本夺取巴布亚新几内亚莫尔兹比港的计划泡汤，更令日本海军总司令、海军上将山本五十六认定，绝不能让美军在太平洋占有一席之地。

其结果就是 6 月 4 日，在夏威夷和日本之间的小岛——中途岛附近海域爆发了战斗。美军在中途岛的飞机远远少于日本，可用机型包括右侧照片中停在"企业"号航母上的道格拉斯 TBD"蹂躏者"鱼雷轰炸机，其机动性不足，且早已过时。不过，美国情报部门截获并破译了日军的无线电密码，得以预先勘破敌人的计划。战斗刚一开始，最新的道格拉斯无畏式俯冲轰炸机接连进袭，击沉了参加战斗的所有四艘日本航母，杀敌无数，尤其是经验丰富的日本海军飞行员。

中途岛战役对日本人来说是双重失败。一方面，日本海军不仅损失惨重，含羞受辱；另一方面，美国海军仍然屹立于太平洋，巨量的兵力和舰船还将源源不断地抵达战场。这是一个关键时刻：日本在太平洋已失去优势。

沙漠之狐

　　第一次世界大战期间，埃尔温·隆美尔曾在西线和意大利服役，大战结束时他衔至上尉，对军事理论产生了浓厚的兴趣。他在1930年代引起了希特勒的注意，当时元首读了隆美尔极有影响力的著作《步兵进攻》。第二次世界大战爆发时，隆美尔已是军中一颗冉冉升起的新星，1940年入侵法国时他担任了第7装甲师的指挥官。

　　隆美尔的国际声誉始于1941年2月，希特勒任命他指挥非洲装甲集团军（包括非洲军团），任务是从盟军手中夺回意属利比亚。他用将近十八个月的时间完成了任务，赢得了"沙漠之狐"的外号，被擢升为陆军元帅。在左侧这张照片中，他正在与意大利指挥官埃托雷·巴斯蒂科交流。对这位意大利同僚，隆美尔评价不高。

　　1943年，北非之战失败，隆美尔被召回欧洲。他被派往意大利，然后调往督办"大西洋长城"（Atlantic Wall）工程——为防止盟军登陆法国而建的海上防御工事。登陆确实发生了，那就是1944年6月的诺曼底登陆（见第355页）。隆美尔的座车被一架盟军战斗机扫射，他身受重伤。后来，他卷入1944年7月未遂的暗杀希特勒的阴谋，被迫服氰化物自杀。

迪耶普战役

左侧这张照片摄于 1942 年 8 月,在法国北部小镇迪耶普,加拿大士兵俘虏了德国人,蒙住了他们的双眼。看起来盟军大获全胜,实则正好相反。盟军于 8 月 19 日发动"庆典行动"(Operation Jubilee),对德国人占领的港口和城镇发动两栖攻击,结果却是一场惨败。德军俘虏其实寥寥无几,而占迪耶普远征军大部分的 4963 名加拿大士兵中有 900 多人阵亡,近 2000 人被俘。

进攻迪耶普的有 230 多艘舰船,英国皇家空军提供掩护。但加拿大军队在抵达目标前就被德国巡逻艇发现,并因情报不足而失利——情报未能报告德国人在迪耶普周围悬崖下布置了火炮点,德国守军实力如何也不得而知。盟军坦克极少能离开登陆点突入腹地,皇家空军头顶炮火连连,许多步兵则被围困在海滩上。战斗打响后十个小时,千疮百孔的盟军残部就开始掉头返回英国。

迪耶普战役原本旨在展示盟军的进取精神,为全面登陆法国做好战情调查,没想却成为一次代价高昂的失败。好在 1942 年北非登陆和 1944 年诺曼底登陆都吸取了这次失败的教训。

阿拉曼战役

迪耶普战役是一次失败的演习，但不出数周盟军就在别处取得大胜。在埃及，由人称"蒙蒂"的脾气坏、能力强的伯纳德·蒙哥马利中将指挥的英国第8集团军，对阿拉曼附近的德国和意大利部队实施了坚决打击。这场战役对北非轴心国据点造成了致命破坏，消除了轴心国自战争开始就形成的对中东的威胁。

蒙哥马利于1942年8月到达埃及，统率该战区盟军的重大部署。到10月下旬，他拥有的兵力和车辆就达到隆美尔的两倍，其中有几百辆新式坦克。右侧这张照片摄于1942年，里面的坦克是十字军 II 型 CS（近距支援）坦克，装有榴弹炮。这些"巡洋舰"坦克迅捷无比，随步兵参加战斗。

第二次阿拉曼战役始于10月23日（第一次战役在7月）。隆美尔则病休回国，又急忙赶回非洲指挥。一周里，他调集部队全力抵挡，但终究敌不过英军压倒性的数量优势。11月4日，他下令迅速向西往突尼斯方向撤退。在他身后，3万名轴心国士兵成了俘虏。

英国举国欢庆。蒙蒂和他的第8集团军被誉为英雄。教堂钟声响彻全国，丘吉尔称这次胜利为"序幕的结束"（end of the beginning）。

火炬行动

正当英国人将隆美尔及其军队赶出埃及时，在非洲大陆的另一侧，美军正准备在摩洛哥和阿尔及利亚实施两栖登陆。这些国家尽是维希法国的属地。进攻它们有助于将轴心国军队赶出北非，还能为初来乍到的美军增添登陆作战和攻城略地的宝贵经验。

这次进攻行动代号为"火炬行动"，由德怀特·D.艾森豪威尔中将指挥，开始于1942年11月8日。650艘军舰搭载65000名士兵，在强大的空中力量保护下秘密潜行，抵达了三处登陆点：阿尔及利亚两处，法属摩洛哥一处。左页这张照片是皇家海军摄影师F. A.哈德森中尉拍摄的：美军中央特遣队的士兵乘坐登陆艇驶向阿尔及利亚奥兰海滩。

火炬行动遇到的抵抗十分有限，半因盟军对部队调动的谨慎伪装，半因维希法国士兵的消极防御。维希法国军队司令、海军上将弗朗索瓦·达尔朗命令士兵放弃抵抗，给了盟军极大自由。（达尔朗于12月24日遇刺。）

火炬行动之后，希特勒结束了维希法国的半独立状态，占领了整个法国。同时，隆美尔的北非部队被困突尼斯，腹背皆有盟军主力不断挺进。他准备背水一战，这一战将持续到1943年春天。

斯大林格勒 ▶

1942年秋，发生在斯大林格勒（今伏尔加格勒）的艰苦战斗让同时期北非的冲突相形见绌。德军入侵苏联，力求速胜。不料之后战争演变为一场延绵不绝的苦战，斯大林格勒战役代表了东线苦战的顶峰。这是整个第二次世界大战中规模最大、伤亡最多、最可怕的厮杀：从一条街到另一条街，从一栋建筑到另一栋，不分男女，不论手段。

斯大林格勒是一座工业城市，坐落于伏尔加河西岸。对希特勒而言，它手扼高加索油田通道，同时也极具象征意义：城市冠以斯大林的名字，占领这座城市将是纳粹无上的荣耀，苏联人难堪的屈辱。

进攻始于1942年8月：德国空军几乎将斯大林格勒夷为平地，随后，德国、匈牙利、罗马尼亚、意大利和克罗地亚的轴心国部队大举挺进。但城市没有沦陷，11月，苏联红军发起了"天王星行动"，围困了斯大林格勒及其周边的25万轴心国部队。后面这张照片中的苏联炮兵正在开炮。1943年2月初，在阴郁而血腥的冬季围城战之后，德军司令弗雷德里克·保卢斯元帅投降。这是苏联人的巨大胜利，扭转了东线战场的形势。为了这场胜利，有近200万人战死、被俘或受伤。

1943—1944

转折点

他们有数量最多的装备……如果谁说一个国家有 35000 辆坦克，我准会说：你是不是疯了！

——阿道夫·希特勒对芬兰盟友曼纳海姆元帅抱怨苏联坦克的威力，1942 年 6 月 4 日

1943 年 7 月初,苏联库尔斯克,城市与铁路交叉口的地面回响着爆炸声和重型机械的轰鸣,烟尘飞扬。德苏两军布下重兵,交火的爆炸声震颤大地,炮声宛若惊雷。坦克撞作一团,腾起巨大的火球。上千架飞机在头顶尖叫。战役持续近两个月,双方投入了惊人的两百万部队,绝望愈深。如这张在演训期间所摄照片(见第 322 页)所示,四名红军士兵隐蔽在壕沟,一辆苏联 T-34 坦克从他们头上残破的土地开过。这是为了让他们预先体验此类战斗的恐怖。

库尔斯克会战是东线关键性的一仗,纳粹的军事野心于此役终于走到了极限。在这场史上最大规模的陆地战役中,双方都遭受了惨重的人员伤亡;同时,库尔斯克会战中 7 月 12 日的战斗也获得第二次世界大战最大规模坦克大战之名。在这场又被称为普罗霍罗夫卡战役的战斗中,苏联出动了约 600 辆 T-34 坦克,数量是德国坦克的两倍;一名德国目击者回忆当日称,密密麻麻的苏军"像老鼠一样"在烧焦的土地上前进。

1942 年与 1943 年之交的冬天是库尔斯克会战的序幕,其时,德国第 6 集团军及其友军深陷斯大林格勒。他们被围、被炸,忍饥挨冻,终于投降。到 2 月 2 日斯大林格勒围困结束时,德国约 91000 人的疲惫之师缴械投降,许多降兵死在囚禁之中。随后几个月,战争重心北移。苏军步步前进,德军节节后退,入夏时在库尔斯克形成了 240 千米长的"隆起",或曰"突出部"——苏军战线已深入德占领土,面对三面临敌的形势。军事常识认为,这是最不利的局面。

然而,对于该如何进攻,希特勒及手下众将犹豫不定。几个睿智的人进言:千万谨慎。但在 1943 年 6 月,希特勒批准了"城堡行动",命令对"隆起"的南北"两肩"发起进攻,试图斩断并合围其内部的红军。这次行动失败了——苏联情报部门截获到了计划的许多细节,让斯大林对纳粹的行动了如指掌,事先埋下地雷,布好了反坦克的防线。城堡行动于 7 月 5 日开始,还不到两周希特勒就下令取消。盟军从北非登陆了西西里。德军分身乏术,对此希特勒也心知肚明。

城堡行动虽中断,库尔斯克战役却还在继续。德国将军海因茨·古德里安事后回忆道:"从那时开始,敌人毫无疑问掌握了主动权。"7 月 12 日,苏联红军发起了大规模反攻,称作"库尔斯克战略进攻"。在接下来的五周,他们

1943 年 2 月 2 日
斯大林格勒长达四个月的围城见证了二战中最血腥的场面,结局却是攻守相易,德军第 6 集团军投降。

1943 年 4 月 19 日—5 月 16 日
华沙犹太人隔离区民众发动武装起义,拒绝再被转移,因为他们意识到等待"转移"者的只是死亡营而已。

1943 年 5 月 16—17 日
英国皇家空军新组建的第 617 飞行中队试图用新研制的"跳弹",炸毁德国鲁尔工业区的三座大坝以引发河谷洪水。他们达成了部分目标。

1943 年 7 月 5 日
在城堡行动中,希特勒在东线发动了大规模的空中和陆地战事——库尔斯克会战。此役导致了大量人员伤亡和坦克损失,却不能阻挡苏军的攻势。

1943 年 7 月 9—10 日
盟军于 5 月时粉碎了轴心国在北非最后的抵抗,突尼斯德军投降,盟军将那里用作进攻西西里岛的跳板。

打得德国人节节败退，收复了1941年纳粹入侵时沦陷的奥廖尔和哈尔科夫。8月23日会战结束，东线的力量对比已经转为有利于苏联。

照片中的T-34坦克于苏联库尔斯克大捷功不可没。它弧线形的外轮廓和厚实的装甲有利于反弹敌人的火力。它很敏捷，时速可达53千米，配备强大的76.2毫米主炮。宽阔的履带足以应付苏联冬天的积雪和泥水。

德军坦克包括了重甲、迅速的豹式坦克，它在库尔斯克首次亮相，装备75毫米主炮；还有虎式坦克，它的重量是T-34的两倍，装甲厚达100毫米，几乎无惧正面攻击。然而，面对轻捷的T-34的围攻——这是库尔斯克会战中经常发生的情况——这两种坦克都变得脆弱不堪。有目击者惊恐地记得双方坦克互相冲撞碾压，近在咫尺地，甚至就在平射距离之内炮击对手。那些声音和画面会长久地留存在幸存者的脑海中。这场战役的伤亡人数估计超过100万。

1943年至1944年纳粹在东线运势衰颓，很大程度上归功于苏联庞大的人口，以及斯大林以降所有苏联人誓死保卫祖国的决心。此外，希特勒在1943年夏天还受到盟军入侵西西里岛——代号"哈士奇行动"的干扰，这

逼迫希特勒分兵意大利。即便如此，他仍然无法挽救意大利的政治危机。1943年7月25日，贝尼托·墨索里尼被推翻，结束了意大利二十多年的法西斯统治。由此引发的一连串事件导致了意大利的分裂和残酷的游击战。

盟军对纳粹帝国的地面进攻还在数月之后，但德国在1943年时已经尝到了英美轰炸机攻势的滋味，后者势在摧毁德国的工业和城市，乃至民心士气。汉堡几乎被夷为平地，从11月开始，柏林也持续遭到轰炸。在整个二战期间，盟军在德国的轰炸共造成50万人丧生。但这也不足以撼动纳粹政权，后者继续在其遍布欧洲的犹太人隔离区和死亡营中犯下骇人听闻的反人类罪行。

西线盟军前往德国的必经之路是法国。在德黑兰会议上，盟国领袖决定了人们期待已久的登陆将在何时何地进行：1944年6月6日的诺曼底登陆。这将是有史以来规模最大的两栖军事登陆。此时远非二战的最后一幕，战争中仍有许多可怕的章节有待书写，尤其是在太平洋上。尽管如此，对于希特勒及其轴心国搭档来说，这都是终结的开始。

夏尔·戴高乐

左页这张戴高乐将军的照片拍摄于1943年3月31日的伦敦，自三年前法国沦陷他就一直居住于此。他当属自由法国（以及更广泛的法国抵抗运动）最引人瞩目的领导人之一，但他显然无法存身于海峡对岸，因为他已被维希法国缺席判处死刑。流亡中的戴高乐并未对他的接纳地感恩戴德，他把接纳他的英国人和打算从纳粹手中光复法国的美国人称为"盎格鲁-撒克逊人"，与丘吉尔、罗斯福的关系也常常濒临公开决裂的边缘。

然而，戴高乐在法国抵抗运动中的超凡地位使得他不容被忽视。照片中他正在会见圣皮埃尔和密克隆群岛的年轻志愿军，那是纽芬兰沿海的一处法国领地，1941年脱离维希统治。

此时，戴高乐在英国的流亡生涯已近尾声。火炬行动（1942年11月，见第319页）解放了北非的前法国殖民地；1943年5月，他将自由法国总部迁至阿尔及尔，挤走了他的对手、得到美国支持的亨利·吉罗将军，全权负责自由法国的临时政府——法国民族解放委员会。此后，他主宰法国政坛直至1969年。

华沙犹太人隔离区起义 ▶

1942年夏天，纳粹统治者把25万犹太人赶出华沙的犹太人隔离区，集中杀害于特雷布林卡集中营。至第二年春天时，隔离区的犹太人几经逐户抓捕，人数已缩减到不足6万。幸存者无不绝望。他们开始组织抵抗，在隔离区的房屋下面建造临时地堡。

1943年4月19日，犹太逾越节前夜，在党卫军军官和地方警察司令尤尔根·斯特鲁普（后页照片中央抬头者）的领导下，清除最后一批隔离区居民的行动开始了。他们遭到了激烈抵抗。隔离区屋顶上公开竖起波兰和犹太军事联盟（ZZW）的旗帜，起义者向警察投掷燃烧瓶，用从黑市得到的枪支向他们射击。

斯特鲁普还以颜色，命令士兵在隔离区纵火，炸毁能找到的所有掩体和地道。但是，他们进行得很不顺利。斯特鲁普预计清空隔离区只需三天，最后镇压起义却花了大约一个月。直到5月16日，当斯特鲁普高喊"希特勒万岁"、炸毁华沙犹太大教堂时，这项任务才终于完成。斯特鲁普之后撰写了一份关于此次行动的报告，极尽浮夸之能事，还以皮面装订，这张照片就在其中。1952年，斯特鲁普因反人类罪被处以绞刑。

"大坝克星"

盟国已经得知奥斯维辛集中营里的暴行，但英美两国的总参谋部并不准备轰炸纳粹死亡营以致其失能。相反，在整个 1943 年，盟军的空袭集中于德国的工业基础设施。1943 年 5 月 16 日至 17 日，英国皇家空军执行了致命的——如今堪称传奇的任务：用兰开斯特轰炸机投下了 9000 磅（约 4082 千克）的"跳弹"，炸毁了鲁尔河谷的数座水坝（见第 337 页）。此次任务名叫"惩戒行动"，参加突袭的第 617 中队的飞行员被称为"大坝克星"。他们的指挥官是二十四岁的盖伊·吉布森，右侧这张照片拍摄于空袭后的一个月。

照片中，吉布森正在展示默纳大坝的航拍图，这座大坝是"大坝克星"的三个目标之一。照片中可见坝体已被成功炸断，引发的洪水涌入下游河谷，造成约 1400 人（许多是纳粹工厂的奴工）丧生，还冲垮了建筑物、道路和桥梁，严重破坏了德国的钢铁生产。另两座水坝——索佩坝和埃德尔坝遭到的破坏较小。"大坝克星"自身伤亡严重，部分原因是他们为了躲避雷达而不得不在距地面约 30 米的高度飞行。19 架兰开斯特飞机升空，只有 11 架返航，超过 53 名机组成员阵亡。空袭后吉布森被授予维多利亚十字勋章，一度名声大噪。1944 年 9 月，他从战斗任务中返航时在荷兰坠机身亡。

MÖHNE DAM

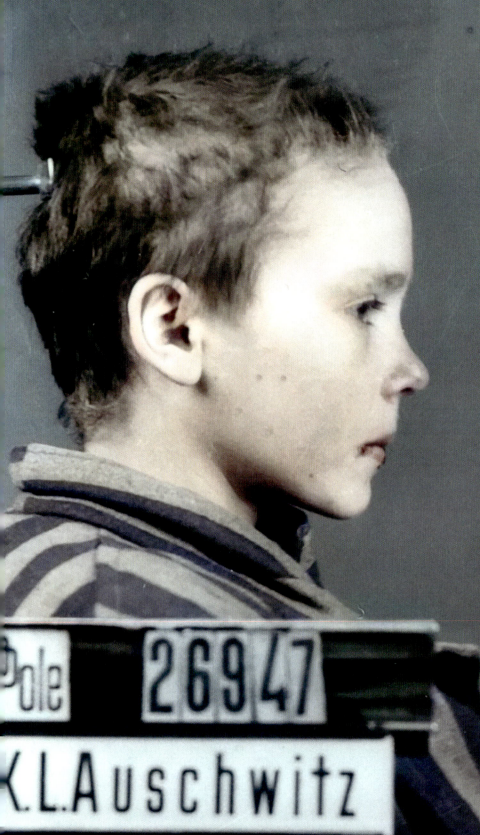

Pole 26947

KLAuschwitz

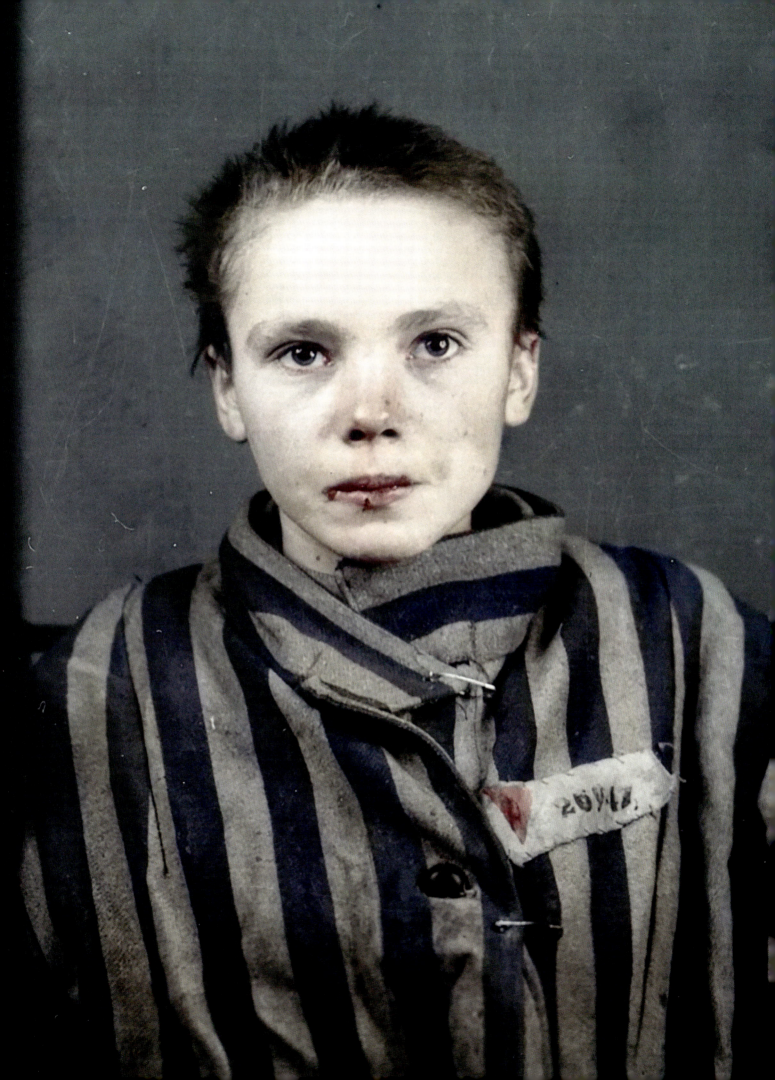

奥斯维辛－比克瑙

1928 年 8 月 15 日，切斯瓦娃·科沃卡出生于波兰扎莫希奇地区的小村庄沃尔卡–兹沃耶茨卡，此地 1939 年时被纳粹占领。切斯瓦娃和母亲卡塔日娜一样，也信奉罗马天主教。为了便于今后德国人搬入，他们的村庄已被指定进行种族清洗。于是 1942 年 12 月 13 日，母女两人都被驱逐至奥斯维辛集中营，囚号26946 和 26947。

奥斯维辛兼为战俘营和劳动营，同时配有专门建造的灭绝中心——比克瑙。第二次世界大战期间，110 万犹太人、14 万非犹太波兰人、2.3 万罗姆人、1.5 万苏联战俘和 2.5 万其他人在那里被杀害。卡塔日娜便是其中之一，她死于 1943 年 2 月 18 日。切斯瓦娃死于一个月后，死于心脏注射苯酚。她还只有十四岁。

切斯瓦娃的这些照片是波兰囚犯威尔海姆·布拉瑟拍摄的。他是一名专业摄影师，被强迫拍摄难友的"身份照片"。布拉瑟后来回忆称，切斯瓦娃对发生在自己身上的事大惑不解。一名德国女监工用棍子痛殴她。"她哭了，但无能为力。"布拉瑟说，"拍照前，女孩擦干了眼泪和嘴唇伤口上的鲜血。老实说，我感同身受，但我什么也不能做。我也有生命危险。"

西西里

1943 年 7 月 9 日与 10 日之交的无月之夜，黎明前的几小时，《生活》杂志摄影师鲍勃·兰德里抵达西西里岛的杰拉海岸。他是随"哈士奇行动"第一批登陆美军来到的这里。这次行动准备大举进攻意大利南部。5 月盟军攻下突尼斯，取得了在北非的最终胜利；西西里岛是温斯顿·丘吉尔所谓的轴心国欧洲的"软肋"。

随着美军登陆艇靠岸，守军的机枪扫射沙滩，兰德里匆忙寻找掩护，跟随美军士兵爬过未及排净的雷区。在接下来的 48 小时中，兰德里旁观、拍摄了杰拉城内外的激战：城外坦克战，德国空军空袭，美国海军从海上炮击意军和德军阵地，还有发生在街头巷尾和广场上的肉搏。最终杰拉被美军控制。兰德里在市政厅附近的比萨大街上拍摄了右页这张照片，美军士兵在一座大理石纪念碑底座上架设了机枪。纪念碑纪念的是第一次世界大战的两位意大利英雄，碑文誉其为"法西斯烈士"：他们捍卫了墨索里尼的"新罗马帝国"。

但是，墨索里尼的新罗马就要灭亡了。杰拉登陆后还不到三周，盟军就占领了该岛面积的八成，并向北进逼意大利本土。

意大利法西斯的倒台

1943年7月25日晚，贝尼托·墨索里尼在罗马的萨伏伊别墅拜见了维克托·伊曼纽尔三世国王，商讨西西里岛的危机。头天晚上，墨索里尼刚失去法西斯大委员会的支持，现在国王告诉他，他将被免除一切职务。墨索里尼在意大利独裁超过二十年，到头来正如他前一天晚上对其情妇克拉拉·贝塔西预言的——领袖"走到了尽头"。墨索里尼遭到逮捕，进而被拘禁，首先是在庞扎岛，然后被送往帝王台的山区别墅。两次大战老兵、参加过利比亚和阿比西尼亚战役的老兵彼得罗·巴多格里奥元帅被任命为总理。第二天，即7月26日，工作人员锤掉了罗马财政部墙上的法西斯徽章。

无论是墨索里尼还是意大利，其在第二次世界大战中的表演都未结束。在南部，盟军已经准备进攻意大利本土——战役在9月3日发动，结束于五天后的停战协定。然而，希特勒不允许他的轴心国盟友就此从战场上消失。德军已经做好进驻意大利的准备，企图在意大利北部建立一个纳粹的傀儡国。意大利法西斯主义死而未僵。

兰开斯特轰炸机 ▶

阿芙罗公司的兰开斯特轰炸机于1941年首航。及至1943年夏天，这款可搭乘七名机组人员，飞行距离超过4000千米的四引擎战略轰炸机，已是英国皇家空军轰炸机司令部（RAF Bomber Command）执行对纳粹德国城市、铁路、公路和工厂任务时的标准配备。兰开斯特轰炸机时常在夜间行动，其劳斯莱斯发动机慑人的隆隆声从头顶传来，伴随的是一场无情的夜袭——德国人称为"恐怖的袭击"。1943年5月，"大坝克星"驾驶的就是兰开斯特轰炸机（见第330页）；1943年7月至1944年3月，数百架兰开斯特轰炸机轰炸了汉堡、柏林和不来梅，炸死了数以万计的德国平民，许多人流离失所，尤其是汉堡，几为废墟。

后页照片中的兰开斯特B马克-1服役于驻诺丁汉郡的皇家空军第207中队。1943年9月13日，它飞往不来梅，敞开的弹仓投下致命的"常规套餐"：一枚4000磅（约1814千克）"曲奇"炸弹，燃烧弹若干，四枚250磅（约113千克）目标指示弹。这还不是轰炸机司令部司令、人称"轰炸机"的阿瑟·哈里斯元帅手中最强的武器。战争末期，改装后的兰开斯特轰炸机可投掷12000磅（约5443千克）的"高个子"炸弹，能够炸沉军舰，以及22000磅（约9979千克）的"大满贯"地震炸弹，足以摧毁潜艇基地和铁路桥梁。像喷火战斗机一样，兰开斯特轰炸机也是体现英国战争能力的标志性飞机。

潮汐行动

盟军 1943 年的空袭目标并不仅限于纳粹德国。在左页的照片中，美国空军联合 B-24"解放者"轰炸机正在执行 1943 年至 1944 年的某次系列轰炸任务：摧毁罗马尼亚的普洛耶什蒂炼油厂。这一系列轰炸中规模最大（也是牺牲最大）的一次发生于 1943 年 8 月 1 日星期天，称作"潮汐行动"。

罗马尼亚油田对轴心国的战争极为重要：各类车辆、命脉工业所需石油近乎三分之一来自该国。既然盟军总参谋部要全面进军欧洲，这些油田就是显而易见的主要目标。但攻击普洛耶什蒂绝非易事，油田四周布设了数百门防空高射炮，罗马尼亚的战斗机也驻扎在附近，随时准备升空。

8 月 1 日上午，177 架美国空军 B-24 轰炸机兵分五波，从利比亚班加西附近的基地起飞，飞越亚得里亚海，直取罗马尼亚。一场硬仗正等着它们。中途就有几架飞机因导航失误和机械故障坠毁。抵达普洛耶什蒂上空后，它们遭遇了地空两个方向的激烈抵抗。虽然许多轰炸机投下的炸弹直接击中了炼油厂，但只有 88 架飞机返回了班加西。美国空军有 310 名机组成员阵亡，另有 190 人被俘。不过，罗马尼亚的石油产量很快恢复，8 月 1 日后来被称为"黑色星期天"。

塔拉瓦战役 ▶

当美国空军轰炸东欧时，美国海军陆战队正在东方进行一场场面迥异的战争。为争夺太平洋中部的岛屿、环礁和群岛的控制权，他们与日本海军展开了极为残酷的血战。后面这张照片拍摄的便是战役之一——塔拉瓦环礁之战。该环礁是吉尔伯特群岛（如今的基里巴斯）的一部分。战役从 1943 年 11 月 20 日持续至 23 日，大部分战斗发生在贝蒂奥岛，其面积仅有约 1.5 平方千米。贝蒂奥岛虽小，却有 4500 个日本士兵把守，装备火炮（包括老旧的英国维克斯炮），地堡幽深，火力点隐蔽。日本海军少将柴崎惠次夸口：要从他手里夺下此地，非"100 万兵力苦战 100 年"不可。

最终，18000 名海军陆战队员花费 76 小时就夺下了贝蒂奥，但伤亡高达 3000 多人。日本人真正做到了战至一兵一卒：战斗结束时，仅存的 17 名守军当了俘虏。

贝蒂奥死亡人数之巨震惊了美国社会。得益于杂志报道、新闻摄影，还有一部战斗期间拍摄的奥斯卡获奖纪录片《与海军陆战队在塔拉瓦》，公众对太平洋战事的风吹草动了如指掌。这部 20 分钟时长的彩色影片赤裸裸地呈现了现代战争的残酷性，其中就有海军陆战队员横尸沙滩的镜头。

德黑兰会议

  战国林立，战线繁多的一场大战，需要对全局战略做清晰的思考。1943 年 11 月下旬，两次重要的领导人会议由是召开。第一次在开罗，蒋介石会见了丘吉尔和罗斯福；第二次是 11 月 28 日至 12 月 1 日，在伊朗德黑兰，正如右侧照片所示。这是丘吉尔、罗斯福和斯大林之间的第一次会晤。

  斯大林不喜欢出国，但这次事出有因。欧洲东部战线的苏联红军与纳粹德国军队苦战已久，苏联领导人希望盟军尽快登陆法国北部，开辟第二战场。会议也讨论了苏联向日本宣战，战后的波兰边界，与土耳其、伊朗关系以及南斯拉夫游击战等问题。

  会议中领导人互赠礼品，互献颂词，以应时应景。11 月 30 日正是丘吉尔六十九岁的生日，一次晚宴，斯大林向他的"战友"敬酒，罗斯福则赠他一个波斯碗。在另一场合，丘吉尔向斯大林赠送了英王乔治六世的礼物：一柄礼仪佩剑，镌刻"赠予斯大林格勒顽强的公民"字样。

  会议结束时，几大问题都已商定。斯大林同意在击败德国后向日本宣战，而西方领导人则同意在 1944 年 5 月启动进攻法国的"霸王行动"，西线战事的帷幕即将合拢。

蒋介石

　　中国领导人蒋介石在开罗会见盟军领导人月余，便来到印度东北比哈尔邦，向中国军队训话。左侧这张照片反映的即是当时场景。他在开罗达成的协议令人振奋：盟国一致反对日本在太平洋扩张，同意将中国自第一次世界大战结束以来被日本窃取的所有土地归还中国。

　　理论上讲，蒋介石是当时远东最重要的人物，有大元帅和中国战区盟军最高统帅之衔。他的妻子宋美龄（西方人所知的"蒋夫人"）受美国教育，在美国很有人望。她大力争取美国对中国抗战的支持，还登上了《时代》杂志的封面。蒋介石需要盟国作为他的坚实后盾，以巩固他在这个支离破碎的国家中的地位，并助他抵抗外敌日本，以及所谓的"内患"中国共产党。

　　不过，蒋介石绝少得到盟国有力的支持。蒋介石与盟军在中国的主要联络人是美国中将约瑟夫·史迪威，后者尖酸刻薄，被称为"醋酸乔"。史迪威公然蔑视蒋介石，戏称他为"花生米"。然而，为了美国的援款、训练、战机和航空物资，蒋介石对史迪威的抗命行为忍气吞声，若非如此，他的前途将岌岌可危。

"X 部队"

　　右侧这张照片摄于 1944 年 4 月的缅甸，照片中人为中国远征军新 22 师的炮兵上尉黄纯予（Huang Cheun-yu，英译）*。作为英属印度一部分的缅甸于 1942 年被日军占领，印度与中国之间的主要补给线"滇缅公路"由是被切断。现在，像黄上尉这样的中国士兵，连同他们的英美盟军要打回缅甸，开辟一条新路——"利多公路"。那些从印度一侧开进缅甸的中国军队被称为"X 部队"。（从中国一侧出发的部队被称为" Y 部队"。）他们是由美国军事顾问训练，英国承担开支，常常有美国特战队提供的地面支援。

　　相较于中国本土待遇差劲、装备低劣的军队，黄上尉等 X 部队的士兵有了现代化的武器，合脚的鞋子、靴子，钢盔，接受了从操作无线电到进行大炮射击的多种技能指导，还有完善的医疗保障、福利和生活物资。他们引起了美国人的极大关注。黄上尉的照片由多产的战地摄影师威廉·范迪弗特（William Vandivert）拍摄。他为《生活》杂志拍摄照片，从伦敦大轰炸、孟加拉饥荒到 1945 年解放纳粹集中营，都有他的身影。

---

* 原文如此。经查核可能是曾为中央陆军军官学校第十五期第一总队炮兵第二队学员的黄警予，籍贯湖北黄陂。查自"抗日战争纪念网"。——编者注

安齐奥战役

及至 1944 年初，意大利已是四分五裂。意大利政府与盟国达成了官方停战协定，该国北部却成为纳粹德国的傀儡国，名为"意大利社会共和国"。罗马被德国人占领。囚禁中的墨索里尼被党卫军军官奥托·斯科尔兹内率领的空降兵从山区别墅中救出，重获自由。德国人的防线遍布意大利半岛。

1944 年 1 月 22 日，盟军试图在防线之间的空当实施突袭，以 400 艘舰艇强攻罗马以南的海滨度假胜地安齐奥。左页这张照片由《生活》杂志摄影师乔治·希尔克（George Silk）在第一次登陆一周后拍摄，入镜的是美军第 3 步兵师的士兵。在西斯特纳附近的战斗结束后，他们将被俘的德国步兵驱至战俘营。尽管这张抓拍记录了美军的胜利，但安齐奥战役却不是一次西西里式的速胜。相反，它是一场漫长而艰苦的游击战，给各方造成了超过 8 万人的伤亡。丘吉尔认为，僵局的罪魁祸首是美军司令约翰·卢卡斯少将，他未能利用好突然登陆的出其不意，迅速对罗马发动进攻。丘吉尔评论道："我希望我们扔向海滩的是一只凌厉的野猫，结果却是一条搁浅的鲸鱼。"登陆后的盟军把老式的消耗战足足打了四个多月，6 月初才实现突破，终于挺进罗马。

霸王行动 ▶

正当在意大利战场的盟军向罗马缓慢进发时，在英国，人们期待已久的对法国北部的登陆已经准备就绪。"霸王行动"已经计划一年多时间，由盟军最高司令德怀特·D. 艾森豪威尔指挥，需动用十几个国家的 200 多万军人。后面这张照片摄于 1944 年 6 月 5 日晚，艾森豪威尔在伯克郡格林汉姆公地对第 502 空降步兵团的美国伞兵训话。由于海峡恶劣的天气，进攻将延至第二天早晨，艾森豪威尔的"当日命令"要求"唯取全胜"。虽然大战在即，形势紧张，但艾森豪威尔镇定自若：佩戴 23 号标签（表示所负责的伞兵列）的沃尔特·C. 斯特罗贝尔中尉事后犹记得自己与将军聊到了钓鱼。

"霸王行动"需要大量的后勤准备工作，盟军的终极意图不可能不显半分征兆，但他们精心布置的集结假象误导了德军的侦察情报，让其误以为盟军的主攻点是在挪威或者加来海峡。事实上，盟军的目标是诺曼底的长滩，代号分别为"金""朱诺""剑""奥马哈""犹他"。进攻开始后，照片中的士兵被投放到犹他海滩的上空，他们要夺取滩头的炮兵阵地和两条堤道。斯特罗贝尔有幸活了下来，但他的许多战友却没有。

诺曼底登陆日

　　1944 年 6 月 6 日凌晨，将近 7000 艘舰船和登陆艇越过波涛汹涌的英吉利海峡，约 16 万士兵倾泻而出，跳入冰冷的海水，登上了诺曼底的海滩。1 万架盟军飞机掠过海滩上空，同时，舰炮轰击矗立于海岸线的德军工事。军方把"霸王行动"的第一天称作"D 日"（D-Day）。

　　左侧这张名为"进入死神魔爪"（Into the Jaws of Death）的照片是美国海岸警卫队摄影师罗伯特·F. 萨金特在即将登上奥马哈海滩时拍摄的。涉水登岸的士兵来自美国第 1 步兵师第 16 步兵团，他们乘坐"萨缪尔·蔡斯"号军舰，然后搭载"LCVP 登陆艇"（LCVP 为登陆艇、车辆、人员的缩写）抵达海滩。他们即将遭遇的战斗是诺曼底地区所有登陆战中最激烈的之一。与此同时，美国第 4 步兵师仅以 200 名士兵伤亡的代价就拿下了相距不远的犹他海滩。而奥马哈海滩的防御极其坚固。步兵甫一登岸就遭到机枪扫射，清除海滩障碍物也困难重重。狂风和潮水震荡着登陆艇，29 辆坦克几乎全部开进水中，带着被称为"漂浮罩"的充气腰带沉没了。数千士兵阵亡和受伤，盟军直到第二天才拿下整个奥马哈海滩。尽管千难万险，诺曼底登陆还是胜利了。盟军在法国的反攻行动开始了。

1944—1945

解放

我们即将踏上伟大的远征，前往我们数月以求的目标。

——盟军最高司令德怀特·D.艾森豪威尔将军于诺曼底登陆日

对将士训话，1944 年 6 月 6 日诺曼底登陆六个月后，数百万盟军源源不断地从光复的法国和欧洲西北部通过。他们度过了德国人顽强抵抗的夏天，现在前进的脚步愈发轻快。盟国领导人普遍乐观，也有理由乐观。希特勒的资源在东西两线的拉扯中捉襟见肘，一面要应付苏联准备中的冬季攻势，一面还要阻击盟国自西而来的进攻。德军兵员不足，动力堪忧；盟军对罗马尼亚油田的定期轰炸几乎切断了他们的燃料供应，盟军在法国也取得了巨大的空中优势。元首要想力挽狂澜，唯有战略上的孤注一掷。他做出了选择——1944年12月，在阿登森林内外展开了为期五周的战斗，也就是著名的"突出部战役"。

第356页这张疲惫的德军伤员照片是美国摄影师约翰·弗洛里亚（John Florea）在突出部战役中拍摄的。弗洛里亚以拍摄好莱坞明星闻名，1943年他加入了《生活》杂志，跟随美国军队走遍全球，从加利福尼亚的训练营到太平洋上的航空母舰，后来到了法国。12月，他被派驻美国第1集团军，亲历这场德军的最后一次主要进攻，同时也是整个第二次世界大战中美军参加的规模最大、伤亡最惨重的战斗。突出部战役中美军死伤约8万人。即便丘吉尔将之称为"战争中美国最大的胜利"，然其代价之高昂也让人难以承受。

希特勒1944年12月的赌注是将能调集的所有坦克和士兵都投入阿登地区，希望在盟军的防线上凿出一个孔洞，夺取安特卫普这个补给港。他知道，数月硬仗之后，美英征法部队已是疲惫之师，后勤补给也到了危险的断供边缘。希特勒认为，如果美英部队在北方被切分进而遭到痛击，那么他就有机会在西线议和，从而有暇收拾余下军队与苏联单独一战。他并不在意这一幻想有几成的可能性可以成真。12月16日，顶着阿登的狂风暴雪，他的部将发动了进攻。

德军首次突袭的速度令布防薄弱的美军大吃一惊。德军在进攻第一阶段投入了超过40万士兵和1400辆坦克，伴有重炮掩护。德国人猛烈的进攻给盟军在比利时圣维特和巴斯托涅镇的防线制造了一个巨大的三角突起，"突出部战役"由此得名。

取得初胜之后，德国人的进攻却很快落败。德军长期燃料短缺，盟军既有能力进行大量增援，又有效利用了崎岖的地形，在圣诞节之后的几天里，德军停滞于前往安特卫普的路上。1945 年 1 月末，美军重夺 1944 年 12 月时的失地，"突出部"消失，德军再次后退，甚至比之前还要迅速地败退回国。

弗洛里亚赤裸而骇人地记录了突出部战役的激战。除了这张照片（照片中的年轻人在袭击美国油库时负伤），他还捕捉到了 12 月 17 日"马尔梅迪大屠杀"的恐怖景象。在这起屠杀中，约 150 名手无寸铁的美国战俘被一队党卫军冷血扫射，至少 84 人死亡。此时的弗洛里亚已是见多识广的战地摄影师，但他后来回忆起马尔梅迪时说："我感觉像重重地挨了一拳，我真的哭了。这是我见过的最震惊的场面……"

当然，1944 年下半年不乏令人震惊之事。普通德国人不得不接受元首的战争正在全线溃败的事实。意大利逐渐脱离了法西斯控制。盟军地中海北岸登陆后，纳粹放弃了维希法国。苏联军队、坦克和飞机将德军赶出了白俄罗斯、波兰东部，后者退至华沙。红军还突破至波罗的海国家，迫使罗马尼亚、保加利亚和芬兰改换阵营，同时围困了匈牙利首都布达佩斯。德国再也无法控制南斯拉夫、希腊和阿尔巴尼亚。希特勒与他的支持者、部将愈发离心

离德，也愈发不辨现实。他要求军队战斗至死，采取焦土政策。7 月，暗杀希特勒的计划功亏一篑，如陆军元帅隆美尔这样的高层竟然都牵涉其中。

1944 年 8 月 25 日，盟军解放了巴黎，许多法国国民欢呼胜利，如释重负，这一时刻引来众多杰出的（或者是未来杰出的）战地记者争相报道，美国小说家欧内斯特·海明威也在此列。不过，复仇也随解放而来：被指控与纳粹占领者私通的人，大部分是女人，遭到侮辱、殴打和虐待。漫长的战争累积了太多的恐惧和愤恨，它们不会随着和平的降临而立即烟消云散。

与此同时，在远离欧洲大陆的太平洋地区，希特勒的盟友——日本的气运也行将耗尽。美国海军陆战队赢得了塞班岛和菲律宾海的关键战役，尽管敌人还带着必死的信念杀伤对手。就像"幼虫"无人火箭在西方造成的恐慌一样，自杀式的神风特攻队在东方也如恶煞一般。武器越来越智能，威力越来越大，也越来越恐怖——而且情况还会更糟。战争的终章也许已经来临，但结局并不意味着圆满。

1944 年 8 月 25 日
巴黎的德军司令违抗希特勒的焚城之命，法国首都随后为法国第 2 装甲师和美国步兵师解放。

1944 年 9 月 17—26 日
蒙哥马利的市场花园行动失败。行动目标是夺取默兹河和下莱茵河上的几座桥梁，进而加速开进德国。

1944 年 12 月 16 日
希特勒在阿登森林发动了"突出部战役"，试图分割盟军，重夺安特卫普。面对美军的增员和抵抗，战役以德军失败告终。

1944 年 12 月 27 日
苏联红军自 1944 年 8 月通过罗马尼亚、保加利亚和南斯拉夫之后，此时兵临匈牙利首都布达佩斯。

1945 年 1 月
苏联红军踏上德国的土地，对东普鲁士发动了全面进攻。

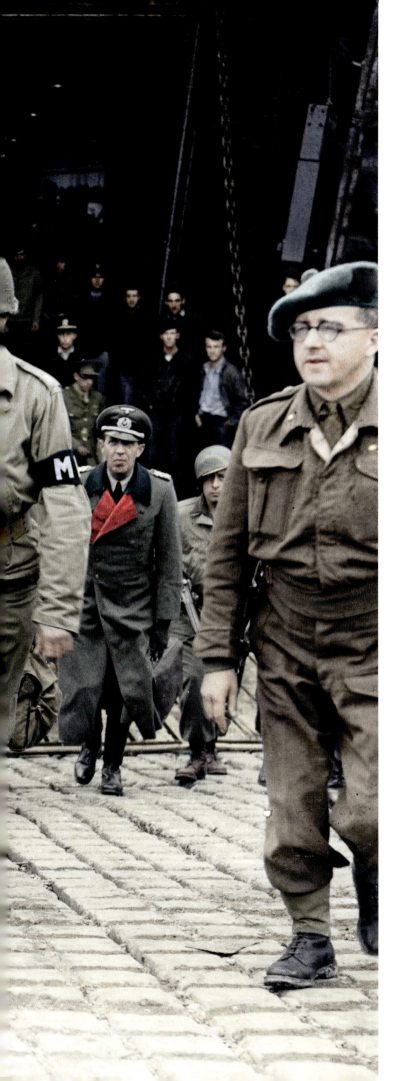

瑟堡

诺曼底登陆后数小时乃至数天，盟军都在诺曼底滩头稳固阵脚，同时美国第7军受命夺取诺曼底所在的科唐坦半岛以及瑟堡港。有了瑟堡深水港，美军可直接向法国本土卸载战车、部队、补给和其他必要物资，而无须登陆艇。1944年6月21日，美军已到达该城外围，接下来这周英美舰炮轰击海防工事，掩护陆军展开街巷和郊外的战斗。

6月26日，德军驻瑟堡司令卡尔·威尔海姆·冯·施利本中将（居中）投降。瑟堡居民欢欣鼓舞，希特勒暴跳如雷，斥为"耻辱"。与此同时，海军少将沃尔特·亨内克（右后方）下令在瑟堡失守前毁掉港口设施，希特勒授予他骑士十字勋章。用希特勒的话来说，这是"海防史上空前的壮举"。确实，直到8月时盟军才得以重新使用该港。

左侧照片中，冯·施利本被押送着走出登陆舰，抵达英国。根据当时一份报纸的报道，通过英吉利海峡期间盟军对他"极尽礼遇"，还有人为他理了发。冯·施利本和亨内克都被囚禁在英国，战争结束后才被送回德国。

篱墙之战

在诺曼底的前进道路上，盟军士兵发现当地尽是典型的凹槽道路，四周满是浓密的树篱（法语称作 bocage），这样的地形堪称死亡陷阱。诺曼底式树篱是隐蔽和伏击的理想之地。隐藏的机枪轻而易举即可射杀一队士兵；坦克在树木和其他植物的伪装之下，可能潜伏于任何角落。因此在 1944 年夏天时，美英军队因地制宜，调整战术和装备打起了游击战。他们改造了德国人留下的反坦克拒马，给一部分盟军坦克前部装上犁耙；坦克摇身一变成了装甲犁车，在灌木丛中畅通无阻。

右侧照片中的美军士兵正隐蔽在伪装网中发射 105 毫米 HM2 榴弹炮。战斗地点在圣洛附近，是诺曼底战役中最激烈的战场之一。该镇被认为是夺取下诺曼底的至关重要的战略要津。猛烈的轰炸令早就饱受战争摧残的小镇雪上加霜。7 月 7 日至 19 日，盟军经苦战拿下了圣洛，但整个城市已片瓦无存。后来到访的爱尔兰作家塞缪尔·贝克特将其称为"废墟之都"。他写道："我们到达那里的时候，什么都没有了，圣洛被完全抹去了。"

"幼虫"

左侧照片中所示的是无人驾驶的 V-1 火箭，德语中它被称为 "Vergeltungswaffe 1"，意为 "复仇武器 1 号"。对于普通英国人来说，它们叫 "嗡嗡弹"，或者 "幼虫"。第一枚 V-1 于 1944 年 6 月 13 日发射，目的很简单：从被占领的法国和低地国家的发射场升空，飞越英吉利海峡，引擎燃料耗尽后落在任何地方，炸毁任何东西（或任何人）都好。一开始，V-1 瞄准的是伦敦和英格兰东南部，随着盟军在西欧登陆，许多 V-1 还瞄准了安特卫普和欧洲大陆上的其他目标。

"幼虫" 从头顶飞过时嗡嗡直叫，让人心烦意乱。但发动机突然寂静无声则更让人不安，这意味着它即将坠落并发生爆炸。6 月 18 日，一枚 V-1 落在伦敦惠灵顿军营的卫队礼拜堂，炸死了晨祷的 121 名会众。

"幼虫" 在英国杀死 6000 多人，也有许多偏离了方向。战斗机和高射炮越来越擅长击落它们。最终，欧洲大陆的发射场被盟军占领。1944 年 10 月 31 日，这枚受损的 V-1 在伦敦展出，英国人露出了如释重负的笑容，危险基本解除。然而与此同时，纳粹又研制了新武器——V-2。V-2 是一种超音速火箭（导弹），当它猝不及防冲向地面时，没有任何拦截的可能。

女武神计划

虽然有了 V-1 火箭这样的武器，但在 1944 年 7 月中旬，德国最高统帅部中有许多人清楚，战争形势已然岌岌可危。盟军攻入了诺曼底，东线德军在白俄罗斯的军事阵地正在瓦解。一些德军高层军官认为，只要希特勒在位一天，德国就不可能避免民族耻辱。早在 1942 年与 1943 年之交的冬天，军队中的异见者就考虑暗杀元首。1944 年夏天，这个代号"女武神"的计划终于可以实施了。行动计划是在会议室里引爆定时炸弹，炸死希特勒、赫尔曼·戈林和海因里希·希姆莱。随之而来的将是一场取代纳粹政权的军事政变。

7 月 20 日，密谋者之一克劳斯·冯·施陶芬贝格上校来到希特勒东普鲁士的地堡——"狼穴"参加会议。冯·施陶芬贝格对前景绝望，他兢兢业业地效忠过帝国，他截肢的手和佩戴的单眼眼罩可以证明这一点。

冯·施陶芬贝格提着装有炸弹的公文包进入房间，随后离开，炸弹爆炸。但公文包被挪动了位置，坚固的橡木桌救了希特勒一命，只炸烂了他的裤子，让他受了点惊吓。不出 24 小时，冯·施陶芬贝格就被行刑队枪毙。其他密谋者纷纷自杀或被捕。

解放巴黎　▶

未获成功的暗杀行动的密谋者并不是纳粹党内唯一一批认为希特勒不配当领袖的人。在巴黎，德国驻军总司令迪特里希·冯·肖尔铁茨后来说"希特勒疯了"。1944 年 8 月中旬，当盟军兵临法国首都，冯·肖尔铁茨需要做出选择。他可以服从希特勒的命令，将这座城市烧为灰烬，炸为平地，这样敌人到手的"除了残垣断壁别无他物"。或者，他可以向法国抵抗组织投降。

抉择迫在眼前。盟军自诺曼底不断挺进，巴黎市民从 8 月 15 日开始就做好了迎接解放的准备。首先是一系列罢工，接下来国内的抵抗力量——法国内务部队（Forces Françaises de l'Intérieur，FFI）在街上筑起街垒，向德国驻军开火。8 月 24 日至 25 日的晚上，菲利普·勒克莱尔将军率领法国第 2 装甲师进入巴黎。在后面的照片中，吉内默街的一角，人群正对他们夹道欢迎。随他们之后进入的是美国第 4 步兵师。冯·肖尔铁茨于 8 月 25 日正式——也是明智地——在默里斯酒店投降。夏尔·戴高乐当天发表讲话，宣布"法国先锋队威风凛凛地进入巴黎"，呼吁在他的领导下实现全国统一。沦陷四年后，巴黎终于重获自由。

美国人在巴黎

与战士一同到来的还有记者。解放巴黎这样的历史性时刻，对左侧照片中的两个人来说有无法抗拒的吸引力。这张照片的左侧是摄影记者罗伯特·卡帕。他常被誉为有史以来最伟大的战地摄影师。卡帕亲历了 1937 年时的西班牙内战和 1938 年时的日本侵华战争，1943 年盟军进攻意大利时他在那不勒斯，诺曼底登陆时他在奥马哈海滩。他在滩头为《生活》杂志拍摄了一批模糊但异常生动的照片，后来被称为"杰作十一张"（Magnificent Eleven）。8 月 25 日他正在巴黎，拍摄了许多士兵和巴黎市民藏身于门廊和街垒，与德国守军对峙的照片。

司机（中）另一侧的是欧内斯特·海明威。他此时在法国为《科利尔》（Collier's）杂志写报道。巴黎光复前夕，他在距巴黎约 65 千米远的朗布耶，他本该跟随美军，却自命为当地抵抗组织民兵的首领。8 月 25 日，他奔赴巴黎，在旅行者俱乐部狂饮香槟，庆祝法国解放，接着又"解放"了丽兹酒店，据说他们一行人留下了 51 瓶马提尼的未结账单。尽管海明威自诩伟大的战地记者，但事实上他更在行的是喝酒和吹牛，他当时的妻子玛莎·盖尔霍恩与他截然不同——她才华更胜一筹，报道也更严肃。

龙骑兵行动

光复巴黎后，盟军在法国南部海滩登陆，开辟了第二条法国战线，为维希政权敲响了丧钟。最初，"龙骑兵行动"计划与诺曼底登陆同时进行，后来延宕至诺曼底登陆胜利之后。

8月15日，美国、法国和加拿大的部队从意大利、科西嘉和阿尔及利亚的基地出发，合兵于法国地中海沿岸，登陆由是开始。他们并未遇到激烈抵抗，到月底时盟军已经占领了土伦和马赛。左页这张照片里，平民正在将占领者"踢"出土伦。9月14日，德军已经完全放弃了法国南部，撤退至孚日山脉。贝当元帅和维希政府被迫转移至德国，作为流亡政府驻扎在德国南部城镇锡格马林根。

维希法国其亡也忽，但残酷暴行作为其遗产仍在继续。在诺曼底登陆前的几个月里，纳粹占领军报复性地打击了统称为"马基"（Maquis）的抵抗军。1944年6月10日，在利摩日附近的格拉讷河畔奥拉杜尔村，一支党卫军部队杀害了642名男女平民和儿童，全村尽毁。法国人之间也有激烈互斗，比如在"马基"抵抗军与通敌卖国的"米利斯"（Milice）民兵之间。法国解放后，许多前米利斯成员受到了严厉惩罚，官方起诉其叛国，民间则时有殴打和处决发生。

通敌与羞辱 ▶

遍及法国的清算报复尤以针对被控为"躺着通敌"（和侵略者睡觉）的女性为甚。一些巴黎妓女在解放后被踢踹致死。整个法国，从布列塔尼到普罗旺斯，大约有2万名妇女因结交德国人而遭到仪式化的排斥：被当街剃掉头发。有人被画上纳粹标志，剥得衣不蔽体，或赤脚游街，或随车展览，接受同胞的蔑视和唾沫。

这种公开羞辱妇女的方法——如后页这张照片所示——被称为"丑陋的狂欢"（carnival moche），在欧洲由来已久。它起源于中世纪，有时被用作通奸的惩罚。陋习在两次世界大战之间的欧洲死灰复燃：第一次世界大战后的莱茵兰、西班牙内战期间以及纳粹德国都发生过。在纳粹德国，若妇女与"不纯洁"的外国人或非"雅利安"血统男人发生性关系，即会遭此非人待遇。

毋庸赘言，粗暴和歧视女性的暴民正义针对的通常是无以自卫的女性，或是当初迫不得已无路可走的人。与此相关的还有通敌妇女为撤退德军做刺客的谣言。对此类事件，解放部队几乎听之任之。这张照片里就有几名戴美式头盔的士兵挤在人群中。

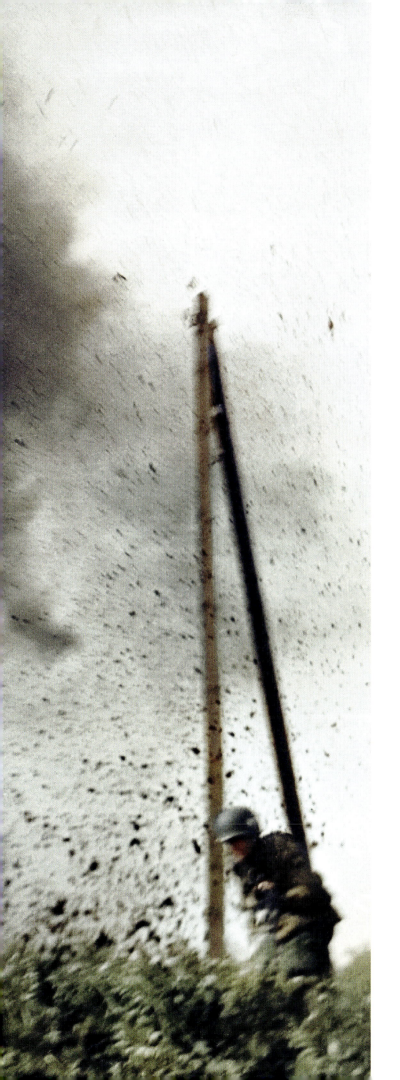

市场花园行动

在英美两国的将领看来，迅速向德国推进要比 1944 年夏天解放巴黎更重要。故此，盟军必须要找到对付德国版马奇诺防线——齐格弗里德防线（也称"西墙"）的方法。齐格弗里德防线沿德国边界修筑，起于荷兰，终于瑞士。英国和加拿大集团军司令、陆军元帅伯纳德·蒙哥马利制订了一条绕过西墙的险计。于是就有了左侧照片中的场面：美国伞兵在潮湿的荷兰田地里跟跟跄跄，躲避着炮弹。

1944 年 9 月 17 日，两个美国空降师，一个英国空降师，以及波兰伞兵旅降落在沦陷荷兰的埃因霍温东北。市场行动的目标是取得默兹河和下莱茵河上的重要桥梁，固守以待英国第 30 军从陆上到来（花园行动），然后巩固战果，继而打通前往德国工业中心鲁尔的道路。

行动初见成果，又旋即丢失。英国伞兵没有重武器，降落地点距离最远的阿纳姆桥还有一段距离，那里却有两个德军装甲师严阵以待。盟军增援装备不知所踪，第 30 军遭遇艰难地形和恶劣天气，苦苦缠斗，迟迟不至。9 月 25 日，阿纳姆战役失败，四分之三的英军中大部分被俘，下莱茵河仍在德国人手中。尽管领土有得，英雄事迹频出，但蒙哥马利的赌博还是失败了。

亚琛的废墟

市场花园行动失败后，西方盟国别无选择，唯有稳扎稳打，不避不让，朝德国缓慢推进。1944 年 10 月 21 日，美军占领了德国最西端的城市亚琛。他们抵达时见到的是一片废墟。左页这张照片摄于亚琛历史悠久的主教座堂。亚琛坐落于齐格弗里德防线之上，但对于战争的意义不大，它拥有的是深厚的历史价值。在 9 世纪时，亚琛是法兰克王国查理大帝的权力中枢，他的帕拉丁礼拜堂（现为主教座堂的一部分）就是皇帝的长眠之地。此后数百年，日耳曼国王皆在礼拜堂加冕，并于 13 世纪加盖了如左页照片中所示的唱诗角。

美国军人站在碎石地上仰望，玻璃花窗的浓烈色彩已不堪欣赏，正因为这些玻璃花窗，唱诗角才得名"玻璃房"（Glashaus）。美国前线战报直接说："所有有价值的窗户都毁了。修道院南面和西面受损严重。"玻璃房自 1949 年开始重建，两年后才恢复昔日光彩。

主教座堂外，亚琛已是半壁空城，大多数居民已经东撤。希特勒下了保卫帝国的命令，命令中透出无情：在无法保卫的地方，一切有价值的东西都该抢在来犯者获得之前毁去。

解放希腊　▶

1941 年，德国和意大利军队轻而易举地征服了希腊。当年 4 月 27 日，纳粹旗帜飘扬在民主制度的发祥地——雅典卫城，希腊被轴心国瓜分，最大的一块东部领土由保加利亚占领。盟军 1943 年反攻意大利时，纳粹几乎把整个希腊都纳入囊中。

国土沦陷，民不聊生，工业瘫痪，希腊上万人死于非命。当 1944 年 10 月德军撤离雅典，监督希腊政府重建的英国特遣部队抵达之时，人们的欢欣鼓舞可想而知。后面这张照片就展现了当时希腊首都的大游行，市民穿着传统服装载歌载舞。

不过，庆祝活动掩盖了问题。希腊各政治派系之间矛盾深重，在轴心国统治时，武装抵抗团体互斗次数并不少于与占领军的战斗，互相敌视之程度可见一斑。1944 年 12 月，雅典骚乱（所谓十二月事件）爆发，继之以内战。内战在希腊政府和希腊共产党之间进行，前者有英军撑腰，后者为一些遥远国度的领导人支持，比如游击队领袖、革命家、南斯拉夫领导人——约瑟普·布罗兹·铁托。得到西方支持的政府军最终获胜，但困扰希腊的内战持续到了 1940 年代末。

塞班岛战役

盟军希望尽快结束对德战争，以便集中精力在东方打败日本。1944年夏天，美国海军陆战队与日军在塞班岛（北马里亚纳群岛之一，关岛附近）一番激战之后，击溃日本的目标的实现指日可待。

塞班岛是美军的重要目标，因为它可以用作空袭跳板，将东京纳入美国新型B-29"超级堡垒"远程轰炸机的攻击范围。日本士兵在斋藤义次中将的带领下顽固死守岛屿。1944年6月15日，600艘美国登陆艇发动夺岛行动，开始了为期三周的艰苦战斗。这场战役消灭了塞班岛上3万日本驻军，代价是约5000美国军人的生命。7月7日，3000多日军士兵手持枪支、棍棒和匕首发动了最后的自杀式冲锋。斋藤最终切腹自尽。

在左页这张照片中，塞班岛战役期间的美国海军陆战队正在治疗一个受伤的孩子。拍摄照片的是尤金·史密斯，他为《生活》杂志报道了许多太平洋上的战役（后来和妻子在日本生活了一段时间）。1944年，数千平民死于塞班岛，其中约1000人是因听了天皇裕仁承诺他们死后待遇的谕诏广播而跳崖自杀的。

神风特攻队　▶

后页照片里的所有人其实都死意已决。他们是神风特攻队（kamikaze）的飞行员。这个词的意思是"神圣的风"，指的是1281年摧毁蒙古舰队、挽救了日本的一场台风。六个半世纪后的1944年秋天，日本海军少将有马正文创造了"神风文化"，他驾驶"彗星"俯冲式轰炸机撞向一艘美军航母身亡，航母亦有损伤。从此，有马被塑造成为天皇和国家"光荣捐躯"的榜样。部署于太平洋战区的神风敢死队的正式名称是Tokubetsu Kōgekitai，也就是"特别攻击队"。

神风特攻队飞行员受训只做一件事：用飞机撞向敌舰。他们的飞机装满高爆炸弹和超量燃油，化作一枚飞行的炸弹，在撞击的一刻飞行员受命大喊："必杀！"他们相信这一刻会看到母亲的脸。

神风特攻队的首次攻击发生在莱特湾战役期间（1944年10月23日至26日），此战为美军夺回菲律宾群岛奠定胜局。10月25日，小型航母"圣洛"号成为第一艘被神风特攻队撞沉的美国舰只。但是，敢死战术不足以保证胜利。这场战役对日本人来说又是一场灾难，他们损失了27艘军舰，包括他们最后4艘航空母舰。不过，神风特攻队的任务才刚刚开始。到1945年时，自杀飞行员将驾驶"樱花"攻击机——这是一种火箭动力的鱼雷。

拉普兰战争

在远离太平洋的地方——北极圈的灌木和冻土带，战争发生了新变化。1944年10月，如左页照片所示，苏联冬季部队在芬兰的拉普兰开始了战斗——这次是与芬兰人联手。他们所用的"波波沙"冲锋枪（PPSh-41）由芬兰人的设计改制而来。

这说明联盟发生了重大变化。三年前的1941年时情况则完全不同。希特勒为"巴巴罗萨行动"做准备时，纳粹德国与芬兰政界高层达成了协定，芬兰军队将与国防军同时入侵苏联领土。从那个夏天开始，芬兰军队就与苏联军队交战，这就是所谓的"继续战争"。

继续战争结束于1944年9月，截至当时造成了约100万人的伤亡。结束苏芬两国敌对的《莫斯科停战协定》（Moscow Armistice）要求芬兰军队从其边境地区拆除所有德国军事工程残迹。在接下来的七个月里，苏联支持芬兰部队发动了对德国部队的追击，从拉普兰一直追至纳粹占领的挪威。

至1945年4月时，追击和战争都结束了。但是，拉普兰也千疮百孔。道路、建筑、桥梁和铁路遭到破坏，纳粹国防军还留下了数以万计的地雷。拉普兰战争结束十年后，扫雷工作仍在进行。

竞逐柏林 ▶

1945年1月31日前后，镜头中的苏联红军炮兵把一门野战炮拖过奥得河。此时，对纳粹德国的战争行将结束。盟军赢得了突出部战役的胜利，计划跨过莱茵河进入德国。在东线，苏联红军持续挺进：解放波罗的海国家，囊括波兰，然后是德国首都，一往无前。他们行经地狱般的风景。1944年7月，苏军发现了马伊达内克死亡营，这是第一座被解放的纳粹集中营，集中营恐怖的真实景象由此曝光。

苏军的一些官兵出于复仇心理在挺进途中犯下了暴行。1944年10月下旬，他们第一次进入东普鲁士期间，村民被屠戮，妇女遭奸杀。到1945年1月全面进入东普鲁士时，强奸、谋杀和抢劫多发。东普鲁士前线的炮兵上尉、26岁的亚历山大·索尔仁尼琴眼见同胞的残忍，目瞪口呆。多年后，作为苏联古拉格中的异见分子，他把当年的经历写作《普鲁士之夜》的叙事诗。"床垫上的小女儿，"他写道，"死了。有多少人上过这张床/一个排，一个连？"

对于普通德国人来说，萦绕心头的噩梦即将成真。照片中的炮兵只是冰山一角。跨过奥得河，柏林只在80千米的前方。

1945—1946

垮台

……敌新使用残虐爆弹，频杀伤无辜；

惨害所及，真至不可测。

——日本天皇裕仁广播的投降诏书，1945 年 8 月 15 日

1945年8月9日，上午11点2分，一枚代号"胖子"的原子弹洞穿云隙，从日本长崎市数千英尺上空掉落，当坠至城市上空约457米时，它爆炸了。炸弹的钚芯发生核裂变链式反应，释放出相当于2.1万吨TNT炸药爆炸的能量。爆炸及其形成的巨大蘑菇云（见第390页）让人震惊。这座城市遭受的破坏更是惊人：长崎市约40%的建筑和房屋被毁，包括三菱钢铁和兵工厂，以及附近的鱼雷厂。

"胖子"的爆炸让差不多4万人——几乎都是平民——当场丧生。半年内还有大致相同数量的人饱受超量辐射之苦。最初死于急性辐射综合征的人，他们的病症被称为"原子弹病"，那时第二次世界大战已经结束。美国展示了人类历史上最致命武器的战场打击力，爆炸后几天，美国飞机在日本撒下传单，警告日本人原子弹将一次又一次爆炸，直到天皇裕仁向盟军投降。8月14日，天皇只好就范，宣读并录好终战诏书，太平洋战区即将重回和平。但和平并不意味着和谐。如今，全世界都感染了原子弹病。一个可以引发世界末日的新战争时代已经开启。

重创长崎的炸弹是有史以来第三枚被引爆的原子弹，也是被用于战争的第二枚。第一次原子弹爆炸发生于1945年7月16日的新墨西哥州：代号"三位一体"的核试验测试了与"胖子"相同的钚芯炸弹，标志了美国曼哈顿计划的成功。这个核武器计划的科学事务负责人是物理学家罗伯特·奥本海默。

"三位一体"试验的成功标志着美国在与德国、苏联的核竞赛中胜出，核武器用于战争的可能性也大大提高。日本是太平洋战区的顽敌：当年春天，一座小小的冲绳岛埋葬了约14000名美军，而登陆日本本土（"毁灭行动"）的伤亡预估还会更高，高到难以承受。美国总统哈里·S.杜鲁门于1945年4月富兰克林·罗斯福逝世后就职，欣然批准使用能够尽毁日本城市而无损美国人毫发的武器，同时还能向苏联表明：美国战后的军事能力无人能敌。8月6日，代号"小男孩"的枪式铀芯原子弹被投放在日本广岛，城市的大部分灰飞烟灭。三天后，原子弹再落长崎。任务完成。

8月15日，天皇裕仁向全日本广播宣布投降。这是日本天皇第一次向他的人民讲话——

1945年1月27日
苏军到达克拉科夫以西吞噬了百万人命的奥斯维辛死亡营。幸存的6.6万人大部分被迫西撤。

1945年2月13日
在英国皇家空军兰开斯特轰炸机的攻击下，德累斯顿化作火海。其后的3月9日至10日，美国空军B-29轰炸机又将东京摧毁泰半，约10万人丧生。

1945年4月4日
美军解放了他们遇到的第一座集中营，布痕瓦尔德集中营的分营——奥尔德鲁夫集中营。4月15日，英军揭开了贝尔根-贝尔森集中营的恐怖真相。

1945年4月25日
苏军与美军在柏林南面的易北河会师，这个标志性时刻预演了对德战争的胜利。

1945年4月28日
墨索里尼、他的情妇及其仆从国政客被意大利游击队抓获、枪毙，伤痕累累的尸首被倒挂在米兰街头。

尽管充斥着古语和谦辞，大多数日本人听得一头雾水。他说明了投降的理由："而尚继续交战，终不仅招来我民族之灭亡，延而可破却人类文明。"这话不无道理。

第二次世界大战最后阶段阵痛之深彻不输以往。在1945年的曙光中，盟军从西进军，苏联盟友自东而来，他们都亲眼看见过纳粹死亡集中营令人作呕的惨状。奥斯维辛-比克瑙集中营于1月被苏联红军解放，贝尔根-贝尔森于4月由英国人解放。然而，随着一座座集中营被解放，暴虐的党卫队强逼许多囚犯转移至帝国腹地，成千上万羸弱饥饿的人在"死亡行军"中丧生。幸存者被安置于远离溃败防线的新集中营，那里人满为患、恶疾横行。

唯一幸运的是，纳粹节节败退，终将无处可藏。不久，纳粹再无力统治德国。4月16日至5月2日，在双方都付出了惨重代价之后，苏联红军占领了柏林。终于，阿道夫·希特勒接受了如此结局，于4月30日在地堡中自杀。第二天，约瑟夫·戈培尔（和妻子儿女）也随他而去。海因里希·希姆莱被英国人俘虏后服氰化物身亡，马丁·鲍曼在企图逃离柏林时被杀。赫尔曼·戈林等其他纳粹高官皆尽被俘，于1946年在纽伦堡以战争罪接受审判。戈林未及死刑就自杀身亡，其他纳粹分子和将军则接受了审判，包括约阿希姆·冯·里宾特洛甫、阿尔弗雷德·约德尔、卡尔·邓尼茨和威尔海姆·凯特尔。他们各领其罪，接受了绞刑。

至于其他战争罪魁——贝尼托·墨索里尼4月下旬时被游击队抓获、殴打和枪毙，与情妇克拉拉·贝塔西的尸体双双倒挂于米兰街头；日本首相东条英机获战争罪被处以绞刑。1948年，天皇裕仁没有被迫退位，但从帝国君主（暗示了神性，有神灵血统）降格为立宪君主，此地位一直维持到他1989年去世。

战争结束了。1945年8月15日对日战争胜利的宣告，除了引发欢庆，也引发了悲思。第二次世界大战夺走了7000万—8500万人的生命，约占世界总人口的3%；它和第一次世界大战一样，将时代所有最伟大的技术进步化作邪恶和残暴。世界需要几十年才能恢复，唯一的安慰是一段时间之内——至少直到今天，人们会回想起当年的恐怖，诚之勿重蹈覆辙。

1945年4月30日
在帝国总理府的地堡中，希特勒与妻子爱娃·布劳恩双双自杀。他们前一天刚结婚，接着就写了遗嘱。

1945年5月8—9日
自4月29日连续签订区域性和局部投降协定之后，全面对盟国无条件投降的协定在柏林签署，即刻生效。

1945年6月21日
美军经过三个月苦战占领了冲绳岛，这场战役比硫磺岛战役（3月）伤亡更大、更艰苦。

1945年8月6日和9日
美国在广岛和长崎投下的原子弹震惊日本，天皇下令日本在8月15日投降。

1946年9月30日
在纽伦堡举行了对战争罪行具有里程碑意义的审判，纳粹高层里宾特洛甫、戈林等被判处死刑，但戈林自杀了。

解放集中营

关于集中营和死亡营的存在，第三帝国以外的人通常只能道听途说。随着盟军光复被纳粹占领的城市，他们第一次近距离目睹了集中营和死亡营。1945 年 1 月下旬，苏联红军到达奥斯维辛集中营，那里只有大约 6000 名奄奄一息的囚犯，其余人被党卫队强制撤离，正朝着德国死亡行军。

在西线，美国第 3 集团军第 6 装甲师于 4 月 11 日到达布痕瓦尔德集中营。这里还幸存有 2 万多名囚犯，尽管流行性的斑疹伤寒早已带走更多数量的人。部队抵达四天后，第 3 集团军司令乔治·巴顿将军下令将附近魏玛镇的平民带到营地，以见证堆积成山的裸尸和皮包骨头的囚犯。

4 月 15 日，摄影师玛格丽特·伯克-怀特跟随平民参观了布痕瓦尔德集中营，她拍下了前面这张著名的照片。她说她用了闪光灯，但这些受尽惊吓的囚犯无一闪躲，对闪光没有任何反应。她后来回忆称，幸而带了相机，镜头给了她一道心理屏障去抵御恐惧。整个经历让人极其不安。她说："直到照片冲印出来，我才知道自己拍了什么。"

硫磺岛

名为硫磺岛的火山岛位于日本本土和马里亚纳群岛之间，距东京约 1046 千米。硫磺岛上的空军基地给了日本人便利，能够拦阻从塞班岛飞来的美国远程轰炸机，因此在 1945 年 2 月，美国海军陆战队发动了对硫磺岛的征战。等待他们的是极为艰巨、伤亡极大的战斗，对手是 22000 名深藏在地堡和地道里的日本守军。尤其在岛的最南端、死火山折钵山附近的敌人最是难啃。

海军陆战队的进攻始于 2 月 23 日，他们在陡峭的山崖和黑沙滩上冲锋陷阵，伤亡惨重，但当天还是占领了折钵山。右页这张照片由陆军中士路易斯·R.洛里为海军陆战队的《皮脖套》（*Leatherneck*）杂志拍摄，这是他拍摄的几张照片之一。照片中，海军陆战队员正用一面更大的旗帜更换原来的国旗，从远处看来它会更加显眼。拍摄这一幕的另一张照片（美联社摄影师乔·罗森塔尔所拍）举世闻名，曾被用来兜售美国战争债券，甚至在 1945 年被印成了邮票。

在这一幕胜利场景之后，美军又花了两个月才夺下全岛。在一场大肆使用火焰喷射器和白磷手榴弹的战斗中，海军陆战队伤亡高达 23000 人。战斗结束后，海军陆战队共获得了 27 枚荣誉勋章。

德累斯顿

1945 年 2 月 13 日晚，超过 700 架英国皇家空军兰开斯特轰炸机飞临德国萨克森州的德累斯顿。它们的任务是配合苏联军队的地面进攻，从空中进行燃烧弹轰炸。飞机装载了高爆弹和燃烧弹。皇家空军轰炸机司令部的攻击理由为德累斯顿是战争的交通枢纽。但是，袭击引发了温度高达 1000℃ 的大火，摧毁的绝不仅仅只有军事目标。前面这张照片拍摄于市政厅塔楼观景台，呈现了燃烧弹轰炸后的城市残骸。轰炸将城市 1600 英亩的范围烧为白地，导致 20000—25000 人丧生。照片前景的天使雕像尤其营造出凄惨的景象，这尊雕像名字叫"善良"（Goodness）。

对德累斯顿焚城的不安始于丘吉尔。他在 1945 年 3 月时说："德累斯顿的毁灭是对盟军轰炸行动的严重质疑。"德国一些宣传分子走得更远，故意夸大死亡人数，声言轰炸德累斯顿应被视为战争罪。虽然这类言论不足为信，但德累斯顿居民的痛苦也不该被忽视。德累斯顿的民众包括了美国作家库尔特·冯内古特（Kurt Vonnegut），轰炸期间他作为战俘被囚禁在那里，他说那是"不可理解的大屠杀"（carnage unfathomable）。

渡过莱茵河

当美国海军陆战队在硫磺岛作战时，欧洲战场的美军已经抵达了莱茵河。渡过这条德国西面的大河有一种象征意义；即使在 1918 年第一次世界大战结束时，协约国军队也没有大举跨越过这条河。但如今，德国人一定要被彻底打败，这条河就一定要渡。

莱茵河布有重兵。美国一支坦克巡逻队夺取了鲁登道夫大桥，但希特勒下令炸毁了其他大多数大桥。盟军被迫使用简易浮桥或登陆艇渡河。右页这张照片就是在一艘登陆艇上拍摄的：美国第 89 步兵师的战士正在渡过莱茵河，向圣戈尔前进。拍摄照片的美国通信兵摄影师回忆称，他被分配到登陆艇上是倒了大霉。他说："我们一个个都矮身趴在一起，第一波子弹像冰雹一样在身边飞来飞去。"

尽管德国人负隅顽抗，但 3 月 24 日时这条河已被顺利拿下，以至于巴顿将军可以在行经浮桥时停下，"好在莱茵河尿尿"。丘吉尔第二天来到这里，表现得更文明一些。他写道："我们来到德国一侧的河岸，阳光灿烂，祥和安宁，我们步行了差不多半个小时，畅行无阻。"在他的前方，纳粹的抵抗会越来越弱。

柏林战役

　　柏林位于德国东部，比起从莱茵河靠近的西方盟军，苏联红军离它更近。斯大林的部队于1945年2月13日解放了布达佩斯，4月13日光复了维也纳，虎视柏林。斯大林深知美国空军和英国皇家空军的轰炸已经削弱了柏林的防御，他还知道西方盟军最高司令德怀特·艾森豪威尔正在犹豫是否要为了首先抵达德国首都而发动猛攻，于是他驱策三军，要求他们尽速取得柏林。格奥尔吉·朱可夫元帅和伊万·科涅夫元帅展开了一场柏林竞速，最终在4月16日，两人率领150万苏联红军抵达柏林城郊。第二次世界大战中最激烈的一场攻防战随之开启，红军对纳粹最后的防守圈发起猛攻，代价是高达35万人的死伤。

　　付出了高昂的牺牲，斯大林的补偿心理在战争即将结束时十分明显。因此，当柏林在一场混乱而绝望的战斗后，许多常备军没有选择向苏联军队投降，而是蜂拥西窜，向美国或是英国的部队投降，将街道的防御交给了希特勒青年团。柏林在两周后投降。5月2日，红军士兵控制了国会大厦，登上楼顶，挥舞着苏联国旗，欢欣鼓舞。此时纳粹守军已经放弃抵抗，魏德林将军签署了投降书。阿道夫·希特勒则于4月30日开枪自尽。

元首地堡 ▶

　　"彻底输了，没有希望了。"4月22日，得知苏军瓦解了柏林的防御，希特勒如此对秘书特劳德·琼格说道。两天前，元首在这座困城的地堡中庆祝了五十六岁生日。元首地堡位于旧总理府地下，近来已成为希特勒的常用住所。几个月来，他无法接受战争失败、帝国崩溃的绝望，把自己包裹在重重安保之中，并且长期嗜食毒品，好让自己脱离现实。他咒骂着背叛，向将领下达时而奇诡时而荒唐的命令。

　　如今，现实终于摆在眼前。战争失败了。就连忠心耿耿的副手希姆莱和戈林都弃他而去。苏联红军已经到达柏林，西方盟国军队也正在逼近。4月29日，希特勒和女友爱娃·布劳恩结婚，次日，他毒杀了自己的狗——布隆迪，爱娃服毒，希特勒随后饮弹自尽。约瑟夫·戈培尔和太太玛格达也在地堡之中，他们先是杀害了六个孩子，随后也自杀身亡。希特勒留下遗嘱，遗嘱里充斥着他毕生的偏执和臆想：他谴责犹太人发动了战争，呼吁为了纳粹主义而继续抗争。所幸纳粹主义这股政治势力即将随他而灭亡。他留下了无端的仇恨，制造了巨大的破坏，还有后页照片中这间1945年5月1日时一片狼藉的可怜小屋。

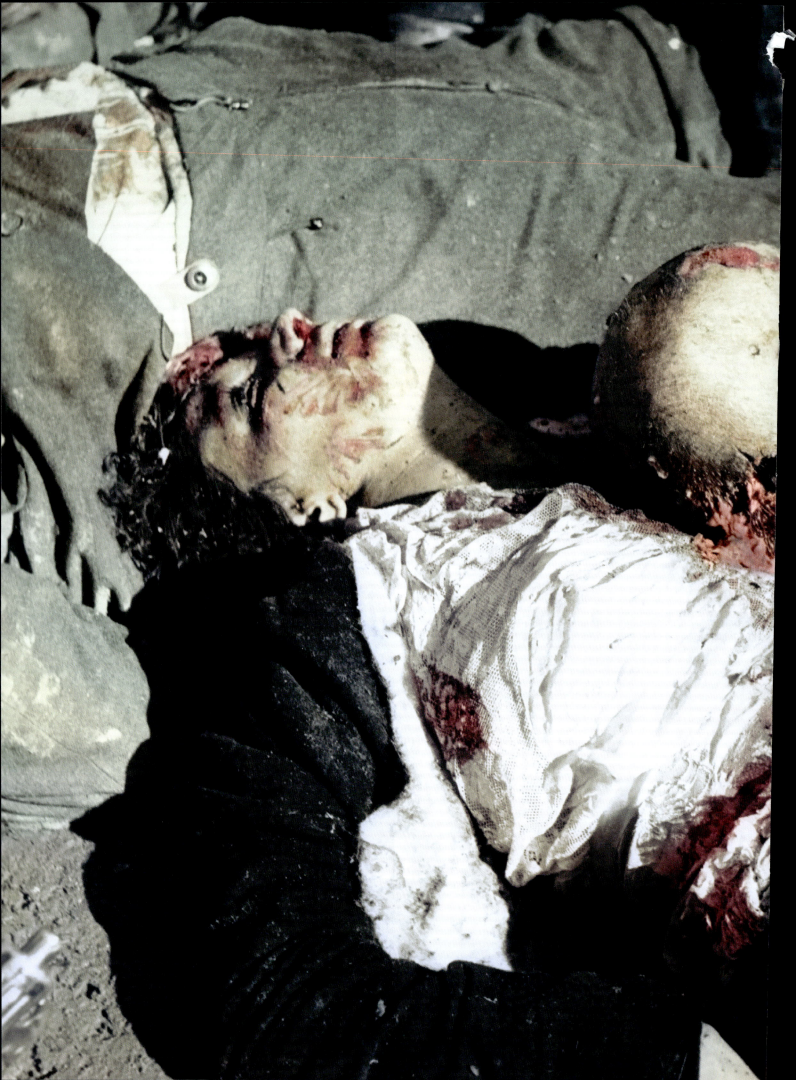

墨索里尼之死

在希特勒自杀的两天前,即 4 月 28 日,他从前的独裁者朋友——贝尼托·墨索里尼被意大利游击队抓获并枪毙,一同赴死的还有他的情妇克拉拉·贝塔西。他们死于科莫湖附近的东戈村,但他们的尸体——如左侧照片所示——在 4 月 29 日运抵米兰,供人凌辱,然后被倒挂在加油站附近。希特勒下令火化他和爱娃·布劳恩的尸体,背后藏着对身后受辱的恐惧。

在墨索里尼被俘之前,自 1943 年起他名义上统治的意大利社会共和国——实为纳粹的傀儡国——就已经垮台。这个法西斯残余政权从成立起就内讧不止,处于盟军和内乱的夹攻之中。到头来,墨索里尼给予他手下子民的不过是空头许诺。1945 年春,当盟军从意大利北方席卷而来,墨索里尼大谈为法西斯主义找一处最后的伟大阵地,或者是米兰,或者瓦尔泰利纳的阿尔卑斯山口,但最终什么也没有干成。4 月 25 日,米兰落入游击队之手;一周之内,领袖遍体鳞伤的尸体摇晃着被倒吊在米兰街头,公开展示;同时,意大利的党卫军司令卡尔·沃尔夫(Karl Wolff)向盟军投降。

投降

希特勒在遗嘱中撤销了让戈林继任的命令，任命海军司令卡尔·邓尼茨元帅为帝国新总统。邓尼茨在德国北部的弗伦斯堡组建了新政府，但他行使权力没有超过一个月。从1945年5月起，德国各支部队纷纷向盟军投降，战争逐渐停下脚步，开始了解散纳粹德国的步伐。

在右侧照片中，继任邓尼茨为海军司令的汉斯－格奥尔格·冯·弗里德堡海军上将（中间）于5月4日签署投降协定，德国西北部、荷兰和丹麦的所有德国部队都向这一战区的英军司令、陆军元帅蒙哥马利（右侧就座者）投降。多名记者和摄影师见证了这一幕，现场还有百代公司的一支新闻纪录片团队。人们已经在公开庆祝，但需要签署的投降文件还有很多。

经过几天的紧张讨论，更完整的无条件军事投降协定于5月8日与9日之交的夜晚在柏林达成，西方盟军最高司令艾森豪威尔和代表苏联最高统帅斯大林的朱可夫都很满意。

此后几周，弗伦斯堡政府的成员被集中逮捕。海军上将弗里德堡服氰化物胶囊自尽，死于5月23日，逃过了他注定要接受的战争罪行审判。

联合国

美国总统富兰克林·罗斯福死于 1945 年 4 月 12 日，没有见到他人生最后数年矢志打倒的轴心国最后垮台。但是，在他许多伟大的遗产中，有一个由他命名，旨在管理世界、预防未来全球性战争的组织于 1945 年成立了。1945 年 4 月至 6 月在旧金山举行的一次国际会议上，成立联合国的提议经投票通过，10 月 24 日，联合国正式成立。

左边这张照片拍摄的是旧金山会议上一个小组委员会的讨论。拍摄者是阿尔巴尼亚裔摄影师琼恩·米利（Gjon Mili），他开创了冻帧"定格"（stop-motion）摄影，来捕捉因速度太快而肉眼无法看到的动作和光点。

照片中最左边被照亮的面孔是英国驻华盛顿大使爱德华·哈利法克斯伯爵，他在战争开始时拒绝了首相一职，玉成了丘吉尔的上位。哈利法克斯抽着雪茄，同样抽雪茄的还有一位来自政治世家的职业外交官——约翰·福斯特·杜勒斯（右二）。杜勒斯曾为了让美国加入联合国那命运不佳的前身——国际联盟而奔走游说。这一次，他深入参与起草了联合国宣言。

后来，杜勒斯在担任艾森豪威尔总统的国务卿期间坚决反对苏联，他通过倡议成立北大西洋公约组织（NATO），继续推广他的国际结盟体系。

冲绳

德国和意大利已经退出战争，日本成为战争中仅存的轴心国。然而，击败日本任务之艰巨，非付出大量流血牺牲的代价不可，冲绳岛的死战就证明了这一点。冲绳岛位于太平洋，长约107千米，但岛上的飞机跑道被认为是实施"没落行动"至关重要的道具。这个行动意在于1945年末攻占日本本土。

派往冲绳的美国陆军海军联合特遣部队（有英国海军的支援）上演了整个太平洋战争中最大规模的两栖进攻，约20万人参加战斗。在4月1日至6月21日的"钢铁台风"战役中，死亡人数超过14000人。右侧这张照片就是在那场战斗中拍摄的，前景中的海军陆战队员表现出的若无其事虽然令人震动，但也不是不可理解。日本守军的地道遍及全岛山间，神风特攻队的飞行员从上空飞驰而下，撞击美国和英国的军舰，令死亡人数不断增加。大约10万岛民被杀或是自杀，日军有大约同等数量的士兵死亡。猛烈的轰炸摧毁了岛上的热带景致，冲绳岛上几无一座完好建筑。盟军取得了胜利，但双方都付出了惨重的代价。保守估计，太平洋战争的最后阶段（如果要登陆日本本土的话）可能导致20万美国军人丧生。这是一记当头棒喝。

波茨坦

在 1945 年 7 月 17 日至 8 月 2 日于柏林郊区波茨坦举行的会议上，对于解决日本问题的办法，美国新任总统哈里·S.杜鲁门（中间就座者）已经了然于胸。此前，美国一直寄望于说服苏联加入对日战争。而现在，杜鲁门自认为点到为止地暗示斯大林（右侧就座者）：美国拥有一种"超乎寻常破坏力的武器"，可以不需苏联帮忙。实际上，间谍已经向斯大林汇报了美国人的曼哈顿计划，所以苏联领导人听后面若平湖。7 月 26 日，盟军领导人发出最后通牒，要求日本立即投降，否则将面临"迅速、彻底的毁灭"。非此即彼，选择已经摆在眼前。

未来也是如此。从左侧这张照片上可以看到，一些新面孔来到了波茨坦。除了杜鲁门，还有在大选中取代了温斯顿·丘吉尔的前任副首相克莱门特·艾德礼（左侧就座者）。（后排从左到右为美国海军上将威廉·丹尼尔·莱希、英国新任外交大臣欧内斯特·贝文、美国国务卿詹姆斯·伯恩斯。）

这些新人要讨论一些紧迫的问题。摆在桌面上的包括瓜分、占领落败的德国，达成战争赔偿协定，为波兰划定新边界，节制斯大林在东欧的野心，以及安排大规模的战后移民。20世纪余下的样子迅速清晰起来。

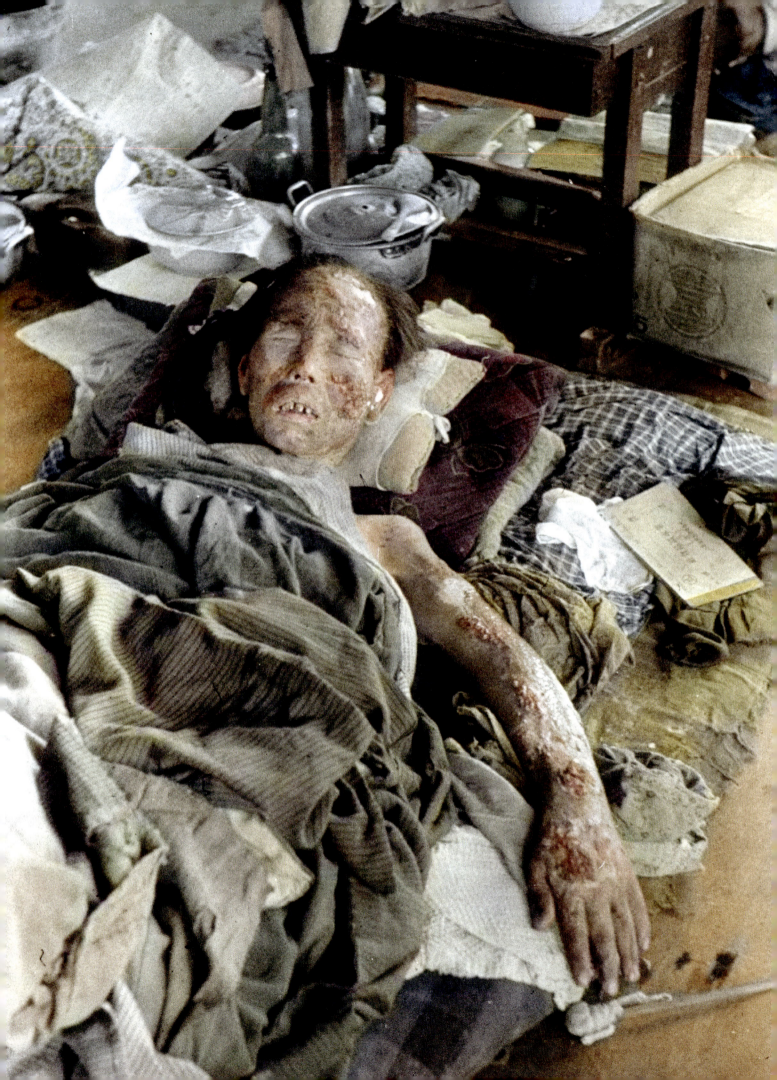

广岛和长崎

1945年8月6日凌晨，一架以飞行员母亲名字"艾诺拉·盖伊"命名的美国空军B-29"超级堡垒"轰炸机，在广岛上空投下了原子弹"小男孩"。爆炸时，用一位目击者的话说，"广岛不存在了"。爆炸区温度达到3000℃左右，有7万—8万人死亡。

然而，这还不足以让日本参谋本部投降。8月8日，苏联对日本宣战，次日凌晨约160万人的红军部队朝中国东北的日军发动进攻。上午11点刚过，"胖子"在长崎爆炸（最初目标是小仓，但因气象条件不佳而临时更改了计划），再一次杀死了数万人，还有许多人受到致命剂量的辐射，生不如死。投放长崎原子弹的是B-29轰炸机博克斯卡号，机组成员英国人伦纳德·切希尔（Leonard Cheshire）称爆炸"将肮脏、贪婪的利爪伸向地球"。左页这张照片展示的仅为在爆炸中受伤的人之一：一个严重烧伤的孩子，躺在长崎小学的临时医院，命悬一线。日本普通民众为军国主义分子的野心付出惨重代价。

尽管爆炸如此恐怖，还遭到了继续打击的威胁——美国至少还能再进行七次杜鲁门总统称为"空中的毁灭之雨，地球上前所未见"的打击——天皇裕仁直到8月15日才通过广播宣布日本无条件投降。

对日作战胜利纪念日 ▶

由于时差，日本退出战争的消息传至美国是8月14日的晚上。杜鲁门总统谨慎地表示正式的投降协定要到9月2日才能签署，但欢乐立刻席卷了整个国家。人们涌上街头，自发地聚会庆祝。后面照片中是巴西演员卡门·米兰达在洛杉矶街头一辆敞篷车上跳舞。米兰达因舞台表演和出演好莱坞电影而家喻户晓，她通常头顶一大篮水果扮演各种拉丁裔角色。对日作战胜利纪念日（VJ day）那天，她来到格劳曼中国剧院对面，好莱坞大道和奥兰治大道的交会处即兴起舞。（今天那里的广场就是以她的名字命名的。）

当然，庆祝对日作战胜利的不仅是美国。在英国，首相艾德礼宣布了为期三天的公共假期，他对民众说："在如此漫长的黑暗岁月，你们不懈努力，毫无怨言，你们应该休息休息了。"伦敦的街头上人们载歌载舞，从内罗毕到科伦坡的英国海外驻军地也都举行了阅兵庆祝。

然而在东京，屈辱和痛苦笼罩大地。日本首都在3月时遭到盟军轰炸，损毁严重。如今市民如丧考妣，却只能驻足在皇宫之外，怅然垂泪。

纽伦堡审判

1943 年，丘吉尔、罗斯福和斯大林签署联合声明，谴责"希特勒分子在他们窃据的许多国家实施的暴行、屠杀和大规模的冷血处决"。盟国发誓战后将追捕作恶者"至天涯海角"。1945 年 11 月 19 日，在纽伦堡开庭的国际军事法庭兑现了这一诺言。

二十四个主要纳粹分子被指控犯有战争罪和反人类罪。左侧这张照片包括了审判席中的大部分被告。（希特勒的心腹马丁·鲍曼已经死亡，被缺席审判，另一名纳粹高官罗伯特·莱伊在审判之初自杀。）

照片中，前排包括（左起）赫尔曼·戈林、约阿希姆·冯·里宾特洛甫和国防军总司令威尔海姆·凯特尔。后排（最左）是希特勒的继任者、纳粹国家元首卡尔·邓尼茨海军元帅；左起第五和第六为阿尔弗雷德·约德尔将军，前魏玛总理、德国驻奥地利和土耳其大使弗朗茨·冯·巴本；左起第八为希特勒的朋友、建筑师和军备部长阿尔伯特·施佩尔。

十二名被告被处以绞刑，戈林、约德尔、凯特尔和冯·里宾特洛甫尽列其中。其他人，如邓尼茨和施佩尔被判长期监禁。但是，还有许多臭名昭著的纳粹分子逃脱了绞索。正义得到了伸张，但并不圆满。

逃避司法执行

赫尔曼·戈林在纽伦堡的所有指控都被判有罪。法官称他为"主犯,仅次于(希特勒)……主要的战争侵略者……奴工计划的监管人,以及对犹太人和其他种族的压迫计划的主谋……他罪大恶极。证据表明此人无任何酌情判处的余地"。他要求由军方行刑队执行处决,但被拒绝。

然而,戈林也没有接受绞刑。1946年10月15日,在处决的前一天,他得到了一粒氰化物胶囊,于牢房中自杀身亡。右侧照片中即为他的尸体,之后被火化,骨灰撒入伊萨尔河。

许多纳粹分子逃脱了正义的审判。希特勒开枪自杀。约瑟夫·戈培尔自杀。海因里希·希姆莱在羁押于英国期间服用了氰化物。盖世太保首脑海因里希·缪勒失踪至今。在奥斯维辛集中营进行残酷人类"实验"的约瑟夫·门格勒博士逃往巴西,于1979年去世。也许最臭名昭著的逃脱了审判的纳粹分子是阿道夫·艾希曼——但只是暂时的。艾希曼是党卫军高级军官,在"最终解决方案"中担任领导角色。艾希曼于1945年逃离美国拘留营,流亡阿根廷,1960年被以色列情报人员抓获。他于1962年在耶路撒冷接受审判后被绞死。"总的来说,"他在接受记者、前党卫队成员威廉·萨森(Willem Sassen)采访时回忆道,"我必须说,我毫不后悔。"

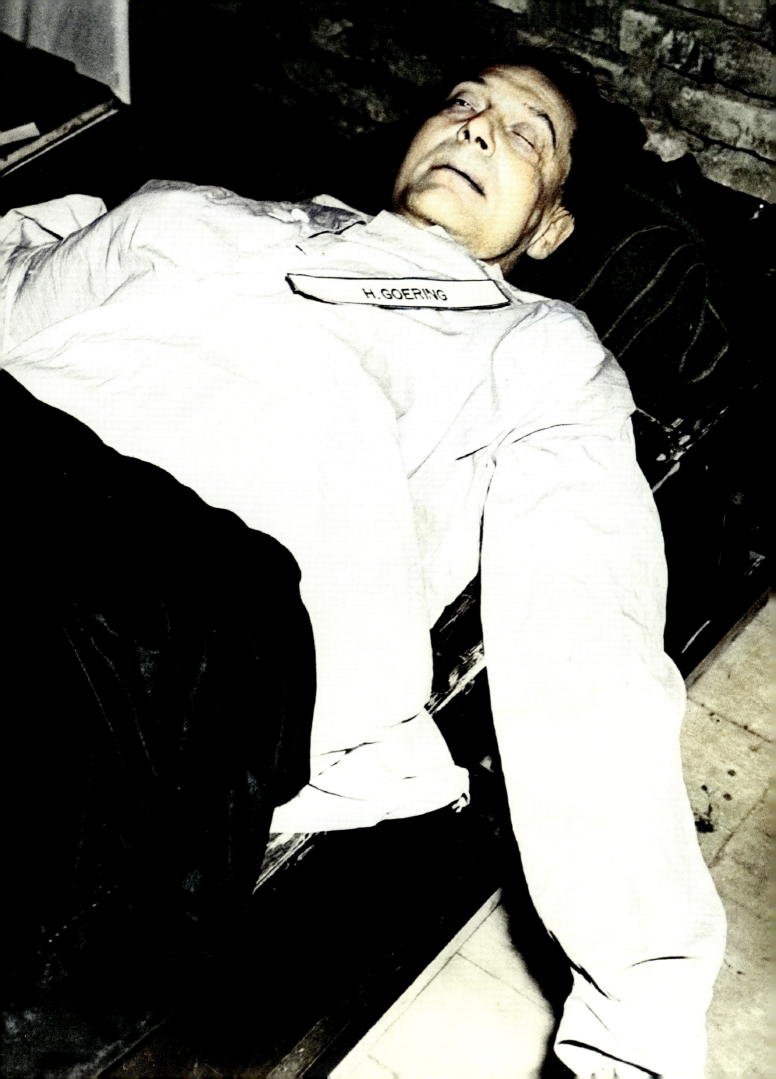

译名对照表

A

Aachen cathedral 亚琛主教座堂

Abyssinia 阿比西尼亚

aerial warfare and bombing 空战与轰炸

Africa/Africans 非洲 / 非洲人

Albania 阿尔巴尼亚

Allenby, General Edmund, in Jerusalem 埃德蒙·艾伦比将军在耶路撒冷

American Expeditionary Forces (AEF) 美国远征军

Anglo-German naval race 英德海军竞赛

Anschluss (1938) "德奥合并"（1938 年）

Anti-Comintern Pact (1936)《反共产国际协定》（1936 年）

ANZACs at Gallipoli 澳新军团在加里波利半岛

Anzio, Battle of (1944) 安齐奥战役（1944 年）

Arbuckle, Roscoe 'Fatty' "肥佬" 罗斯科·阿巴克尔

Armenian genocide 亚美尼亚人大屠杀

Armistice (1918) 停战协议（1918 年）

Arnhem, paratrooper landings at 空降兵降落至阿纳姆

artillery 火炮

Atatürk, Mustafa Kemal 穆斯塔法·凯末尔·"阿塔图尔克"

Atlantic Charter (1941) 大西洋宪章（1941 年）

Attlee, Clement 克莱门特·艾德礼

Aubers Ridge, Battle of (1915) 奥博斯山脊战（1915 年）

Auschwitz-Birkenau 奥斯维辛-比克瑙集中营

Australia/Australians 澳大利亚 / 澳大利亚人

Austria/Austria-Hungary 奥地利 / 奥匈帝国

Austrofascism 奥地利法西斯主义

Auxiliary Territorial Service (ATS) 本土辅助部队

aviation 飞行

Axis Powers 轴心国

B

Badoglio, Pietro 彼得罗·巴多格里奥

Bastico, Ettore 埃托雷·巴斯蒂科

Balkans/Balkan Wars 巴尔干人 / 巴尔干战争

Baltic States 波罗的海国家

Belgium/Belgians 比利时 / 比利时人

Belle Epoque 美好年代

Berlin 柏林

Berlin, fall of (1945) 攻克柏林（1945 年）

Berlin-Baghdad railway 柏林—巴格达铁路

Berlin Olympics (1936) 柏林奥运会（1936 年）

Bevin, Ernest 欧内斯特·贝文

Blitz, the (1940-1) 大轰炸（1940—1941 年）

Blitzkrieg 闪电战

Bourke-White, Margaret (photographer) 玛格丽特·伯克-怀特（摄影师）

Brasse, Wilhelm (Polish photographer at Auschwitz) 威尔海姆·布拉瑟（奥斯维辛集中营的波兰摄影师）

Braun, Eva 爱娃·布劳恩

Brest-Litovsk, Treaty of (1918)《布列斯特-立托夫斯克和约》（1918 年）

Britain, Battle of (1940) 不列颠空战（1940 年）

British Expeditionary Force (BEF) (WWI) 英国远征军（一战）

Brusilov Offensive (1916) 布鲁西洛夫突破（1916 年）

Brussels 布鲁塞尔

Bulgaria/Bulgarians 保加利亚 / 保加利亚人

Bulge, Battle of the (1944) 突出部战役（1944 年）

Byrnes, James 詹姆斯·伯恩斯

C

Cadorna, Luigi 路易吉·卡多纳

Cambrai, Battle of (1917) 康布雷战役（1917 年）

Canada/Canadians 加拿大 / 加拿大人

Capa, Robert 罗伯特·卡帕

Caporetto, Battle of (1917) 卡波雷托战役（1917 年）

Cavell, Edith 伊迪斯·卡维尔

Chaco War 查科战争

Chamberlain, Neville 内维尔·张伯伦

Chiang Kai-shek 蒋介石

children in wartime 战争中的儿童

Chinese Revolution (1911) 辛亥革命（1911 年）

Christmas Truce (1914) 圣诞停火（1914 年）

Churchill, Winston 温斯顿·丘吉尔

collaborators 通敌者

concentration camps 集中营

Condor Legion 秃鹰军团

Conrad von Hotzendorf, Franz 弗兰茨·康拉德·冯·赫岑多夫

Continuation War (1941-4) 继续战争（1941—1944 年）

Corp féminin des Volontaires françaises 法国志愿女兵团

Czechoslovakia, Sudeten Germans in 捷克斯洛伐克苏台德地区日耳曼人

D

D-Day (1944) 诺曼底登陆日（1944 年）

de Gaulle, Charles 夏尔·戴高乐

Denmark 丹麦

Diem, Carl 卡尔·迪姆

Dieppe Raid (1942) 迪耶普战役（1942 年）

Dollfuss, Engelbert 恩格尔伯特·陶尔斐斯

Donitz, Karl 卡尔·邓尼茨

Hurricane fighters of No.85 Squadron 皇家空军第 85 空军中队 "飓风"战机

I

immigrants to USA (c. 1910) 约 1910 年的美国移民

Indian Army 英属印军

Isonzo, battles of the 伊松佐河战役

Irish Civil War 爱尔兰内战

Irish Guards Regiment 爱尔兰近卫团

Italian campaign (WW2) 意大利的战争（二战）

Italian mountain troops (Alpini) in WWI 第一次世界大战中的 意大利山地部队（阿尔卑斯）

Italian-Abyssinian conflict 意大利- 阿比西尼亚冲突

Italian 'pacification' of Libya 意大利"平定"利比亚

Iwo Jima 硫磺岛

J

Japanese-American internment 拘禁日裔美国人

Jerusalem 耶路撒冷

Jews 犹太人

Jodl, Alfred 阿尔弗雷德·约德尔

Joffre, Joseph 约瑟夫·霞飞

Joseph Ferdinand, Archduke 约瑟夫·斐迪南大公

Joyce, William (Lord Haw-Haw) 威廉·乔伊斯（哈哈勋爵）

Jutland, Battle of (1916) 日德兰战役（1916 年）

K

kamikaze pilots 神风特攻队飞行员

Kaswurm, Josef (Austrian boy soldier, WWI) 约瑟夫·卡斯乌尔 姆（奥匈帝国童军，一战）

Keitel, Wilhelm 威尔海姆·凯特尔

Kindertransport 儿童撤离行动

Kitchener, Horatio Herbert 霍雷肖·赫伯特·基钦纳

Kristallnacht (1938) 水晶之夜（1938 年）

Kursk, Battle of (1943) 库尔斯克战役（1943 年）

Kut, siege of (1915-16) 库特之围（1915—1916 年）

Kwoka, Czesława (Polish girl murdered at Auschwitz) 切斯瓦娃·科 沃卡（死于奥斯维辛的波兰少女）

L

Ladd, Anna Coleman (designer of prosthetic masks for disfigured soldiers) 安娜·科尔曼·拉德（设计师，为毁容士兵制作 面具）

Lancaster bomber 兰开斯特轰炸机

Landry, Bob (Life photographer) 鲍勃·兰德里（《生活》杂志 摄影师）

Lapland War (1944) 拉普兰战争（1944 年）

Lawrence, T. E. T. E. 劳伦斯

League of Nations 国际联盟

Leahy, William Daniel, US admiral 美国海军上将威廉·丹尼 尔·莱希

Lend-Lease (1941)《租借法案》（1941 年）

Lenin (Vladimir Ilyich Ulyanov) 列宁（弗拉基米尔·伊里奇·乌 里扬诺夫）

Leyte Gulf, Battle of (1944) 莱特湾战役（1944 年）

Life magazine《生活》杂志

Lleida (Catalonia) 列伊达，加泰罗尼亚

Lloyd George, David 大卫·劳合·乔治

London 伦敦

London, bombing of (WWI) 轰炸伦敦（一战）

London, bombing of (WW2) 轰炸伦敦（二战）

Ludendorff, Erich 埃里希·鲁登道夫

Lusitania, RMS "卢西塔尼亚"号

M

machine-gunners on the Eastern Front (WWI) 一战西线的机枪 手（一战）

McIntyre, Corporal Fred (African American soldier in WWI) 弗 雷德·麦金泰尔下士（一战非洲裔美国士兵）

Mackensen, Field Marshal August von 奥古斯特·冯·马肯森陆 军元帅

Maginot Line 马奇诺防线

Marne, First Battle of the (1914) 第一次马恩河战役（1914 年）

Marne, Second Battle of the (1918) 第二次马恩河战役（1918 年）

Masurian Lakes, Battle of 马祖里湖战役

Meir, Jacob (Chief Rabbi of Jerusalem) 雅各布·梅尔（耶路撒 冷大拉比）

Mesopotamia 美索不达米亚

Mexican Revolution 墨西哥革命

Midway, Battle of (1942) 中途岛战役（1942 年）

Milling, Thomas Dewitt (US aviation pioneer) 托马斯·德维特·米 林（美国飞行先驱）

Miranda, Carmen 卡门·米兰达

Molotov, Vyacheslav 维亚切斯拉夫·莫洛托夫

Moltke, Helmuth von (the Younger) 小赫尔穆特·冯·毛奇

Mons, Battle of (1914) 蒙斯战役（1914 年）

Montgomery, Bernard, General 伯纳德·蒙哥马利元帅

Morse, Ralph (photographer for Life magazine) 拉夫·莫尔斯 （《生活》杂志摄影师）

Mosley, Oswald 奥斯瓦尔德·莫斯利

Quisling, Vidkun 维德孔·吉斯林

R

rationing 定量供应

Reichstag fire (1933) 国会纵火案（1933 年）

Rhine, crossing the (1945) 渡过莱茵河（1945 年）

Rhineland, remilitarization of 重新武装莱茵兰

Ribbentrop, Joachim von 约阿希姆·冯·里宾特洛甫

Richthofen, Manfred von ('the Red Baron') 曼菲尔德·冯·里希特霍芬（"红男爵"）

Riefenstahl, Leni 莱妮·里芬斯塔尔

Rif War (1920-7) 里夫战争（1920—1927 年）

River Plate, Battle of the (1939) 拉普拉塔河口战役（1939 年）

Robbins, Albert (victim of the Blitz) 阿尔伯特·罗宾斯（伦敦大轰炸的受害者）

Rohm, Ernst 恩斯特·罗姆

Romania/Romanians 罗马尼亚 / 罗马尼亚人

Romanian oil fields, US bombing of (1943) 美国轰炸罗马尼亚油田（1943 年）

Rommel, Erwin 埃尔温·隆美尔

Roosevelt, Franklin Delano 富兰克林·德拉诺·罗斯福

Rosenberg, Alfred 阿尔弗雷德·罗森堡

Rotterdam, German bombing of 德国轰炸鹿特丹

Royal Air Force (RAF) 英国皇家空军

Royal Flying Corps 英国皇家飞行队

Royal Navy 英国皇家海军

Rubinstein, Ida (dancer) 伊达·鲁宾斯坦（舞蹈家）

Ruhr crisis (1923) 鲁尔危机（1923 年）

Russian Civil War 俄国内战

Russian famine 俄国饥荒

Russian Revolution (1917) 俄国革命（1917 年）

S

Sachsenhausen camp 萨克森豪森集中营

Saint-Lo, Normandy 诺曼底圣洛

Saint-Mihiel, US signals troops at (1918) 圣米耶勒的美国通信兵（1918 年）

Saipan, Battle of 塞班战役

Sargent, Robert F. (photographer) 罗伯特·F. 萨金特（摄影师）

Schlieben, Karl Wilhelm von, Lieutenant-General 卡尔·威尔海姆·冯·施利本中将

Schlieffen Plan 施利芬计划

Schuschnigg, Kurt 库尔特·许士尼格

Serbia/Serbians 塞尔维亚 / 塞尔维亚人

75mm field gun 75 毫米野战炮

Sevres, Treaty of (1920)《色佛尔条约》（1920 年）

Shanghai, Battle of (1937) 淞沪会战（1937 年）

Sicily, Allied invasion of (1943) 盟军登陆西西里（1943 年）

Siegfried Line (Westwall) 齐格弗里德防线（西墙）

Singapore, fall of (1942) 新加坡陷落（1942 年）

Sino-Japanese War (1937-45) 抗日战争（1937—1945 年）

Smyrna, sack of (1922) 士麦那之劫（1922 年）

Somme, Battles of the 索姆河战役

Spanish Civil War (1936-39) 西班牙内战（1936—1939 年）

Spanish flu 西班牙大流感

Speer, Albert 阿尔伯特·施佩尔

Stalin, Josef 约瑟夫·斯大林

Stalingrad, Battle of (1942-3) 斯大林格勒战役（1942—1943 年）

Stauffenberg, Claus von 克劳斯·冯·施陶芬贝格

Strobel, Walter C. (US paratrooper commander) 沃尔特·C. 斯特罗贝尔（美国空降兵军官）

Stroop, Jürgen 尤尔根·斯特鲁普

Sun Yat-sen 孙中山

Syrian Revolt (1925-7) 叙利亚起义（1925—1927 年）

T

tanks 坦克

Tannenberg, Battle of (1914) 坦能堡战役（1914 年）

Tarawa, Battle of (1943) 塔拉瓦战役（1943 年）

Tehran Conference (1944) 德黑兰会议（1944 年）

trench warfare (WWI) 堑壕战（一战）

Trotsky, Leon 列昂·托洛茨基

Truman, Harry S. 哈里·S. 杜鲁门

Turing, Alan 艾伦·图灵

U

U-boat 潜艇 / U 艇

Ultra code "乌特拉" 密码

Unger, Max (Kindertransport boy) 马克斯·昂格尔（参与儿童撤离行动的男童）

United Nations 联合国

US Army 美国陆军

US Army Air Force (USAAF) 美国空军

US Marines 美国海军陆战队

US Navy 美国海军

USS Enterprise "企业" 号

USS West Virginia "西弗吉尼亚" 号

Utah beach, Normandy 诺曼底犹他海滩

V

V-1 flying bombs V−1 火箭

Verdun, Battle of (1916) 凡尔登战役（1916 年）

Versailles, Treaty of (1919)《凡尔赛和约》（1919 年）

Vichy regime 维希法国政权

Victor Emmanuel III, King 维克托·伊曼纽尔三世国王

VJ Day (1945) 对日作战胜利纪念日（1945 年）

W

Warsaw, Battle of (1920) 华沙战役（1920 年）

Warsaw Ghetto 华沙犹太人隔离区

Warsaw Ghetto Uprising 华沙犹太人隔离区起义

Western Desert Campaign (1940-3) 西部沙漠战争（1940—1943 年）

Western Front (WWI) 西线（一战）

Wilhelm II, Kaiser 德皇威廉二世

Wilson, Woodrow 伍德罗·威尔逊

Winter Palace, St Peterburg 圣彼得堡冬宫

Winter War (1939-40) 冬季战争（1939—1940 年）

women in wartime 战争中的女性

Women's Auxiliary Air Force (WAAF) 空军辅助女兵

Women's Reserve Ambulance (WRA) 妇女预备救护车队

women's suffrage 妇女投票权

Y

Ypres, Battles of 伊普尔战役

Yugoslavia 南斯拉夫

Z

Zapata, Emiliano 埃米利亚诺·萨帕塔

Zeppelins 齐柏林飞艇

Zhukov, Georgy 格奥尔吉·朱可夫

Zimmermann telegram 齐默尔曼电报

图书在版编目(CIP)数据

烽火世界：漫长的战争：1914—1945 / (英) 丹·
琼斯 (Dan Jones)，(巴西) 玛丽娜·阿马拉尔
(Marina Amaral)，(英) 马克·霍金斯-达迪
(Mark Hawkins-Dady) 著；张孝铎译. -- 北京：社会
科学文献出版社，2023.6
    书名原文: The World Aflame: The Long War, 1914-
1945
    ISBN 978-7-5201-9598-0

    Ⅰ.①烽… Ⅱ.①丹… ②玛… ③马… ④张… Ⅲ.
①世界史 - 历史事件 - 1914-1945 Ⅳ.①K14

    中国版本图书馆CIP数据核字(2021)第277724号

烽火世界
——漫长的战争，1914—1945

著　　者 / 〔英〕丹·琼斯（Dan Jones）
　　　　　〔巴西〕玛丽娜·阿马拉尔（Marina Amaral）
　　　　　〔英〕马克·霍金斯 - 达迪（Mark Hawkins-Dady）
译　　者 / 张孝铎

出 版 人 / 王利民
组稿编辑 / 董风云
责任编辑 / 张金勇
责任印制 / 王京美

出　　版 / 社会科学文献出版社·甲骨文工作室（分社）（010）59366527
　　　　　地址：北京市北三环中路甲29号院华龙大厦　邮编：100029
　　　　　网址：www.ssap.com.cn
发　　行 / 社会科学文献出版社（010）59367028
印　　装 / 南京爱德印刷有限公司

规　　格 / 开　本：889mm×1194mm 1/16
　　　　　印　张：27.5　字　数：349千字
版　　次 / 2023年6月第1版　2023年6月第1次印刷
书　　号 / ISBN 978-7-5201-9598-0
著作权合同
登 记 号 / 图字01-2022-1421号
定　　价 / 288.00元

读者服务电话：4008918866